考古学研究調査ハンドブック⑤

貝塚調査と動物考古学

小宮 孟

同成社

はじめに

　貝塚や洞窟遺跡などから出土する貝やカニの殻、魚類や哺乳類などの脊椎動物の骨を総称して動物遺存体という。これらの大部分は古代人が食料などに利用する目的で捕まえた動物に由来すると考えられているが、動物遺存体を専門に研究する考古学の分野が動物考古学 zooarchaeology である。

　縄文時代の日本列島で暮らした人たちは狩猟採集生活をしていたと考えられている。彼らは何を食べていたのだろうか？「狩猟採集生活は野生動物を狩り、食べられる野生植物を探しながら移動して暮らす不安定な生活で、食べ物を見つけられるまで何日も空腹を抱えて過ごさねばならなかった。しかし、弥生時代になって大陸から農耕が伝わると、田や畑で米や野菜など必要な食料を計画的につくり、余った分を蓄え、文明的な生活が始まった……」縄文時代や弥生時代の人たちの生活には、このようなイメージを抱く人が多いと思われる。

　しかし、ここ数十年間の発掘や研究によって、そのような考えでは先史時代人の生活を説明できない新しい事実がつぎつぎと明らかになり、従前からの解釈には疑問が出されるようになった。新しい事実が発見されれば、それに反する古い考えは更新されなければならない。古い考古学の仮説をつねに検証し、誤りがあれば新しい事実にもとづいた新しい仮説に書き変えるのは考古学者の大切な仕事の一つである。

考古学というと、遺跡を発掘して未知の古代資料に遭遇するというロマンばかりにスポットが当たりがちだが、考古学を志す若い人たちには新しい発掘方法や分析法を考案し、調査資料や遺跡を見直す努力をつづけることがとくに重要である。

　貝塚は、縄文時代の土器編年、集落、墓制など日本考古学の発展に大きな役割を果たしてきた遺跡の一つである。しかし、貝塚を特徴づけるもう一つの要素である動物遺存体は、従来の日本の考古学では系統的な研究がされていない。

　そこで、本書ではこれまであまり注目されなかった動物遺存体に焦点を当て、貝塚から出土する動物遺存体を調べることで縄文人の狩りや海辺での潮干狩り、魚とりの様子など縄文人の経済活動の一部が具体的にわかることを解説する。

　まず、第Ⅰ章と第Ⅱ章で動物考古学の視点に立った縄文貝塚の発掘調査について述べる。つぎの第Ⅲ章から第Ⅵ章では貝殻、魚骨、獣骨を例にして動物遺存体がもつ考古学情報のいくつかを紹介し、併せてそれらの情報の中身が発掘法やサンプリング方法の性質によって変わることを述べる。最後の第Ⅶ章では、貝塚の発掘報告書を作成するに当たって専門家に動物遺存体の解析を委託する際にあらかじめ心がけておく注意点を述べる。

　本書が貝塚調査にはじめて携わる人や、貝塚遺跡に興味や関心をもつ人たちの役立つことがあれば幸いである。

目　　次

はじめに　i

Ⅰ　調査の準備 …………………………… *1*

　1　貝塚とは　*1*

　2　なぜ貝塚に骨が残るか　*4*

　3　現地踏査の準備　*5*

Ⅱ　貝塚の発掘 …………………………… *13*

　1　貝層の分層　*13*

　2　出土遺物の取り扱い　*16*

　3　微細遺物の対応　*21*

　4　貝層の年代　*25*

Ⅲ　採集方法で変わる動物遺存体の中身 … *31*

　1　遺跡の動物相と動物組成　*31*

　2　貝塚産マダイの体長組成　*33*

　3　サンプリング・エラー（発掘中の見落とし）　*36*

　4　微細資料の分離法　*43*

5　堆積物サンプルの取り方　*46*

Ⅳ　貝類遺存体 ……………………………… *49*
　　　1　貝塚の貝種構成を調べる　*49*
　　　2　個体数表記による種構成　*50*
　　　3　重量表記　*59*
　　　4　4mm メッシュを通過する微小貝　*62*
　　　5　貝類遺存体の最小個体数　*64*

Ⅴ　魚類遺存体 ……………………………… *73*
　　　1　貝塚から出土する魚類をどう考えるか　*73*
　　　2　魚骨の同定　*74*
　　　3　分類─科・属・種　*78*
　　　4　同定用乾燥標本の作り方　*80*

Ⅵ　哺乳類遺存体 …………………………… *87*
　　　1　貝塚から出土する哺乳動物　*87*
　　　2　貝塚人の狩り　*87*
　　　3　縄文貝塚人の生業暦　*90*
　　　4　埋葬された動物　*96*

Ⅶ　遺存体の分析委託 ……………………… *107*
　　　1　人　骨　*107*

2 大型動物遺存体　*112*
    3 小中形動物遺存体　*114*

参考文献　*117*
おわりに　*121*

貝塚調査と動物考古学

I　調査の準備

1　貝塚とは

　古代人が食用等に利用した貝殻が大量に堆積している遺跡を貝塚と呼んでいる。国内の貝塚の多くは縄文時代のものだが、弥生時代の貝塚も皆無ではない。古墳時代以降の漁撈集落遺跡でも当時の漁獲物に由来する大量の貝殻が出土するし、現代の漁村にも捨てられた貝殻の山があって貝塚がつくられている。

　縄文時代の貝塚で最も注目される特徴の一つは、貝層中から縄文人が食べた可能性がある魚や哺乳動物の骨、また彼らが使った土器や石器などの日常道具などが多く出土することである。古墳時代の漁撈集落の貝層には、動物の骨や土器など貝殻以外の遺物が混じることはまれである。また、現代の貝の剥き身工場のゴミ捨て場にも貝殻以外の生ゴミや壊れたナベや茶碗などが混じることはない。時代の異なる貝塚の間で堆積物の中身が変わる理由はまだ明らかでない。いずれにしても、縄文貝塚は、縄文人の生活の様子を探る豊富な手がかりを残した遺跡として重要である。

　貝塚は和英辞書では shell-mound もしくは shell midden と訳されている。shell midden は貝やカニ・エビなど殻をもつ水

産物が混じる台所のゴミ捨て場のイメージで貝塚の性格のある一面を表してはいるが、縄文時代の貝塚の貝層からは埋葬された人や動物の骨、祭祀の跡などが出土するので、かならずしもわが国の貝塚の一般的な性格を反映するものではない。shell-mound は捨てられた大量の貝殻が何枚もの層をつくって小高い丘のように堆積したイメージである。日本語の「貝塚」はこの語を直訳したものかもしれない。千葉市加曽利貝塚は貝層がつくる小高い丘の遺構が現存する貴重な遺跡だが、わが国の貝塚の多くがこのような遺構を伴っていないので小高い丘というイメージで貝塚を代表するのはやはり一般的ではない。海岸部まで山や台地が迫るわが国の狭い国土では貝塚は狭い台地の上につくられることが多く、貝層が台地を囲む谷の斜面に投げ捨てられるようにつくられているケースや、竪穴住居跡や土坑の覆土を埋めるようにつくられているケースが多い。

　長い間、縄文人は貝塚を海岸近くの水はけと日当りの良い台地上につくったと考えられてきた。しかし、最近になって経済的なコストが安上がりな沖積低地に道路建設などが計画されるようになると、それに先立つ確認調査などで水田下の沖積層などに埋没した縄文貝塚がしばしば発見されるようになった。いまのところ、沖積層から台地上の巨大貝塚に匹敵する規模の貝塚が発見されることはまれだが、漁に都合のいい海岸低地に縄文人が貝塚をつくるのはわたしたちにも理解しやすい。このようなタイプの貝塚がどのくらい存在したのだろうか？

　このように、わたしたちが予見できない立地にも規模の異な

図 1 南貝塚の貝層断面(1964 年調査直後、村田 2013 より)

るさまざまなタイプの貝塚がつくられている可能性があるので、従来の先入観で貝塚を固定的にみることには注意が必要である。なお、沖積層に埋没した縄文貝塚と自然貝層については第Ⅳ章で述べる。

2 なぜ貝塚に骨が残るか

貝塚以外の国内の遺跡からは、それが縄文時代のものであっても動物遺存体は出土しない。貝塚や洞窟遺跡から動物遺存体が出土する理由は、遺跡堆積物の化学的性質によると考えられている。すなわち高温多雨の日本の土壌では微生物の活動が活発でCO_2濃度が高く、さらに大気中の二酸化炭素CO_2を含んだ弱酸性の雨水が土にしみ込む過程で土壌のカルシウムイオンやカリウムイオンなどが失われるので土壌は酸性にかたむきやすい。土壌中に埋没した動物の遺骸の有機成分は、土壌中の微生物や細菌などのはたらきで速やかに分解が進む。骨や歯などの硬組織は無機成分が60〜70％を占め肉や脂肪などに比べて分解されにくいが、無機成分の大部分を占めるハイドロキシアパタイト$Ca_{10}(PO_4)_6(OH)_2$は酸に溶けるので、長期的には土壌中での分解をまぬがれない。国内の古い時代の遺跡から当時の人骨や動物遺存体が出土しないのは以上のような理由によるもので、動物の遺骸が貝塚以外の遺跡に廃棄されていなかったことを示すわけではない。貝塚の貝層中では貝殻の主成分である炭酸カルシウム$CaCO_3$が雨水などに溶けて酸性土壌を中和し、ハイドロキシアパタイトもこのような環境下でのイオン交

換によってより分解されにくい構造に変性していると考えられている。そうだとすれば、炭酸カルシウムの供給源である貝殻量が十分厚く堆積した貝層中や、炭酸カルシウムを主成分とする石灰岩につくられた洞窟遺跡では分解をまぬがれた人骨や動物遺存体が原形を維持したまま保存されると考えられる。

3 現地踏査の準備

(1) 携帯品

貝塚の現地踏査での服装は、動きやすい作業衣と安全靴を履いておこなう。

携帯するものは①帽子、タオル、水筒、雨具、軍手、②カメラ、フィールドノート、筆記具、消しゴム、画板（クリップボード）、③地形図、コンベックス、メジャー、方位磁石、カメラ、④移植ゴテ、アメスコ、ボーリング・ステッキ、鎌、ナイフ、ビニール袋などの発掘用品のほか、⑤救急箱、毒蛇、ハチなどに襲われた時の対応、緊急時の病院等の連絡先、交通路と連絡体制なども事前に確認して準備する。

(2) 現地踏査の手順

貝塚遺跡における貝殻分布とその堆積状況を事前に把握することは、貝塚調査での優先事項である。台地上の貝塚は畑地になっていることが多いので見通しがきくが、貝層がつくられていることが多い斜面部は灌木や雑草に被われ、たいてい手入れが行き届いていないので、草刈をおこなったのち貝殻散布範囲

の外郭線を確認する。確認した貝層の外郭線と地中の貝層の状況に矛盾がないか外郭線周りにボーリング・ステッキを軽く刺して確認して確定する。ただし、あまり頻繁にステッキを刺すと地中の遺物を破損するので注意する。確定した外郭線上の主要点にピンポールを刺して貝層の平面分布を決定する。

　貝塚の貝層は耕作や木の伐採、道幅の拡幅工事などでその一部が壊されている場合がある。事前に土地所有者と耕作者からの聞き取りをして、大規模な工事等があった場合は、可能なら図面上で貝層分布の旧状を復元して作図する。貝層が台地の縁から谷に向かって堆積する斜面貝層の裾は不明瞭で、急傾斜面は足場が悪く見きわめがつきにくい。

(3) 踏査中の遺物採集

　遺跡の地表面に散らばる遺物のうち、年代のわかる土器やもとの形がわかる石器や貝殻があれば、それらを地点別に採集しもち帰って遺跡堆積物の堆積状況や年代、貝層構成貝種などを検討する参考資料とする。

　踏査中は遺跡を掘り起こして遺物を採集してはならない。畑地であれば、農家の方が農作業中に掘り出した土器や石器などが農道の脇などにまとめて捨ててあるので、それを利用する。踏査は農閑期におこなうのが礼儀だが、畑のなかを踏査するときはいつでも許可を得てからおこなう。畑のなかはよく耕され空気や肥料を含んだ土が柔らかく盛られているので、畑に慣れていない人が畝近くに足を入れただけで畝が崩れることがあ

る。遺物探しをしながらしゃべり歩くとどうしても注意が散漫になる。身体のバランスを崩すなどして植えてある作物の苗を踏んだり畝を踏み壊わしたりしないよう注意する。

(4) 湧水地点の確認

　現地踏査で確認したいもう一つの情報は、遺跡近くにある湧水の所在である。井戸掘り技術が大陸から伝わる以前から水は最も重要な生活資源であり、とくに掘削することなく水を得られる湧水は古代人も居住地を選ぶ重要な条件にしていたと考えられる。逆にいえば、定住集落の遺跡近くにはかならず湧水がある。現在は水資源への関心の低下とともに、地下水脈や自然の湧水の存在は忘れられつつあるが、遺跡近くの村の古老たちに聞くと、かつて農業用水や飲料、台所用水などに利用していた湧水を記憶していることも多い。尋ねれば、ていねいにその場所や昔の水量、どのように利用していたかなどの貴重な情報を教えてくれるので、できるだけ確認しておこう。筆者も千葉県の公務員時代に、農家の方たちから湧水は田んぼの水に欠かせないこと、農作業で汚れた身体や衣服を洗ったこと、毎日桶をかついで湧水に水汲みにきたことなどをよく聞かされた。湧水地の聞きとり調査は、世代交代が進み、その地域の昔の生活を知っている人がどんどん減少するなか、民俗調査などでも抜け落ちやすい調査項目でもある。遺跡の全体図などに明記するべきだと思われる。

(5) 地形図の作成

 遺跡の位置を示す地形図は、遠景、中景、近景の3種類を準備する。国土地理院発行の縮尺2万5000分の1もしくは5万分の1地形図で遺跡の位置がわかりにくい場合は、それより広域な範囲を示す小縮尺の地図を準備する。

 1970年代の頃までは遺跡の大縮尺地形図は学生たちがつくっていた。まず、最寄りの三角点や水準点からレベルを使ってほぼ一日がかりで標高を発掘地点付近の基準杭に移し、つぎに平板、アリダート、メージャーを使って測点を目視しながら等高線や道路などを描いて完成させた。完成した地形図には発掘地点を明記して、その図を発掘報告書の冒頭に掲載するのが普通だった。現在でも考古学の専攻コースをもつ大学では講義の一環として平板や測量器具を使った測量実習をおこなっている。習得した実習の基礎知識と技術は遺跡の土層断面図や出土遺物の分布図などに応用できるので、必ず習得し、さまざまな測量器械の操作にも慣れておく必要がある。

 しかし、平板とメージャーを使った地形測量は起伏の複雑な地形や雨風に弱く、測量点の移動を重ねることで計測誤差を生じやすい。最近では、発掘に先立って標高や座標を読み込んだ基本杭・補助杭の設定と、最新の測地系にもとづく地形図作成を専門業者に委託するのが普通になっている。ただし、委託した場合でも業者に丸投げするのではなく、貝層分布や湧水地点の位置、土地造成など、踏査などで得た考古学の情報を地形図に積極的に反映するように、委託業者と十分な協議を重ねるこ

とが重要である。

コラム1 〈日本初の貝塚学術発掘〉

　日本で最初の学術発掘は、1877年（明治10）に来日したアメリカの生物学者エドワード・モース（Edward S. Morse, 1838-1925）が指導して東京都大森貝塚でおこなわれた。このときのモースの来日目的は貝塚発掘のためではなく、彼が専門とする腕足類の標本採集にあった。偶然の機会を得て東京大学理学部教授となった彼は、横浜から東京に赴く鉄道の車中から発見した大森貝塚を発掘することとなる。彼が貝塚を発掘することになったその最も大きな動機は、ダーウィンが『種の起原』（1859年刊行）で発表した当時の最新学説である進化論に有利な証拠を貝塚から発見し公表することにあった。モースはかねて親交のあったハーヴァード大学のジェフェリーズ・ワイマンらが主催したアメリカ東海岸やフロリダの貝塚発掘に参加し、貝塚の発掘や報告書の作成に関する技術と知識を身につけていた。

図2 E. モースと同じ頃に小シーボルトも発掘した大森貝塚の原位置（J・クライナー 2011より）

ワイマンはこれらの貝塚の発掘報告書のなかで、出土した貝や哺乳動物遺存体の中に現在の東海岸に生息しない動物種が含まれていることなどを明らかにして、貝塚が古い時代の人たちによってつくられたと主張した。遺跡の動物相に絶滅種が含まれることが遺跡の古さを示唆するという解析法は、イギリスの考古学者ジョン・ラボックが1865年に提唱した当時の最新手法の一つである。

　モースはワイマンの手法にならって大森貝塚から出土した動物遺存体を調べ、東京湾に現生しないハイガイが多く含まれていること、出土した古代人の脛骨の形態的特徴が現代人と異なることなどを明らかにして、大森貝塚が現代日本人とは系統の異なる人々によってつくられた太古の貝塚だと大森貝塚の発掘報告書のなかで述べている。報告書のなかには発掘地点や土層断面が示されていないので、当時の発掘では層位を分けて発掘する層位発掘はされていなかったことがわかる。モースは大森貝塚からサルボウガイ、アカガイなど24種類の貝類のほか、イノシシ、シカ、オオカミ、イヌ、クジラ、ウミガメなどの哺乳類や爬虫類、魚骨を同定している。動物遺存体の同定には現生動物標本との形態比較が欠かせないが、当時の東京大学をはじめとする日本の学術機関に同定比較用の動物標本が揃っていたとは考えられない。彼は大森貝塚から出土したこれらの動物遺存体をどのようにして同定したのだろうか？

　報告書のなかでモースは学生たちと日本各地の海岸を訪れ現生の日本産貝類標本を収集し、貝塚標本と比較したことを記している。彼は貝類の専門家であるので貝塚標本同定の基準にした現生標本の同定は間違いないと思われる。しかし、専門外である人骨や動物骨の同定の正確さには疑問が残る。報告書には上述したような具体的な動物名が書かれているので、少なくとも何らかの根拠があったはずだが、出土標本と比較した現生標本についての記

述はない。想像するしかないが、ワイマンの周囲に比較解剖用の脊椎動物コレクションがあり、モースはその図や記載などを記憶していたか、その一部を日本に持ち込んでいたのだろうか。

Ⅱ　貝塚の発掘

1　貝層の分層

　貝塚の貝層は、貝塚に住む縄文人が出した生ゴミや使われなくなった道具類などを捨てたものなどが少しずつ累積したものと考えられている。身近なゴミ箱のなかをよく見ると、捨てた時期の古いものが下にあって、その上に相対的に新しい時期に捨てたものが積み重なっていることに気づく。かき回してしまえばそれまでだが、上から順番をくずさないようにていねいに取り出していくと捨てたゴミの量や中身の時系列な変化を復元することができる。じつは貝塚の貝層も基本的にはゴミ箱の中身と同じ法則で堆積しており、その発掘も積み重なった堆積物の順序をくずさないという同じ原理でおこなわれる。

　貝塚の貝層は上層から下層まで均質な堆積物でなく、詳しく観察すると、貝殻の種類や密度、土壌や炭化物・焼土、礫などの堆積状況が異なる何枚もの層が積み重なっていることに気づく。このような堆積物の分層に好都合な条件を備えた貝塚が戦前から戦後にかけて土器編年研究の恰好の遺跡となり、貝塚がさかんに発掘され骨や貝殻がまったく顧みられなかった歴史がある。

発掘で、いきなり貝層を深く掘り下げれば、ゴミ箱の中身をいきなりかき回すことと変わりない。表土層を一定の深さまで掘り下げたのち、まずその上面にあらわれた貝層の広がり方や竪穴住居跡や土坑などの遺構の有無を確認する。つぎに貝層や土層の重なり具合を見定めながら層を一枚一枚剥ぐようにして掘り進める。貝層だけを掘り下げたり、珍しいものが出たからといって、潮干狩りのまねをしてそこだけを深く掘ったりしてはならない。

　発掘に使う移植ゴテは尖端を使うと深掘りするので、やや斜めに構えて手前にゆっくり引くようにする。視線を常に移植ゴテが掻いたところと、その周辺から離さないようにして移植ゴテを動かすとよい。

(1) 層序の確認

　遺跡の堆積物を分層するポイントは土壌の色調、炭化物や灰・焼土の混入度、硬度、粘性などの特徴である。直射日光を遮断して観察する。季節や天候、時刻、乾燥状態などによってうける印象が微妙に変化するので見きわめには一定の経験が必要である。色調は『標準土色帳』や土色計を利用してもよいが、遺跡堆積物は人為的な堆積物なのでなじまないことが多い。

　貝塚では貝層と土層との区別がつきやすい。また、貝層そのものも細分が可能である。人為的な堆積物である貝塚の貝層の性質は広い範囲にわたって均質になっていないので、貝層を構

成する貝の種類や混入する土壌の割合や性質などに注意すれば、それらを組み合わせた名称を付けることで分層が可能である。たとえば、ベースとなる土層に多少の貝殻が混じっている層であれば「混貝土層」、土層の色調が茶褐色なら「茶褐色混貝土層」、貝殻の堆積密度が高い貝層に褐色の土層が混じっていれば「褐色混土貝層」という具合である。

(2) 分層時の留意点

　分層しやすい貝塚貝層の性格は狭い範囲を発掘する場合には好都合なことが多い。しかし、限られた期間内に広い面積の発掘を終了する行政発掘などで貝層の細分にこだわると失敗することがある。層を細分すれば一つ一つの遺物の層の確認に費やす時間がかかり、出土地点の記録や回収などにかかわる現場の作業量が増加し、発掘全体の作業進捗のペースダウンに直結するからである。

　遺跡堆積物中での遺物の出土頻度は均質でなく、土器・石器、動物遺存体とも垂直方向では上層部よりも中層・下層部で高まる傾向にある。上層は耕作等の人為の影響のほか、草や木の根などによる撹乱の影響が多かれ少なかれ及んでいる確率が高いので、中層とそれより下位の層の調査に労力を集中させる戦略で、大胆かつ繊細に発掘を進める。

　もちろん上層部でも、①貝殻の量や種類が変わった、②土色や土壌の粘性が変わった、③大きな土器片が頻繁に現れた、④広い範囲に灰や炭化物、焼土粒が頻繁に現れる。

このような変化が広い範囲にわたってみられたときは発掘の手を止め、迅速に層の更新をおこなうかどうか協議する。

2　出土遺物の取り扱い

(1) 現場での遺物取り上げ

発掘中に出土した土器・石器・骨角器・動物遺存体などの遺物は、1点ずつ出土位置と出土層を記録して取り上げるのが原則である。しかし、土器片は出土量が多く、ときには発掘後の扱いに困るほど小さな破片を掘り当てることもあるので、そのすべてを記録することはあまり意味がない。ただし、縄文時代早期や草創期の土器は小さな破片でも貴重である。出土する土器の量や大きさなどは現地踏査などの成果を参考にすれば発掘前からある程度予想できるので、記録をとる土器片の特徴やサイズなどをあらかじめ決めておくとよい。貝塚では貝殻も大量に出土する遺物で、初心者はどの貝殻をどのような基準で採集したらよいか迷うはずである。貝殻の採集方法は第Ⅲ章に詳しく述べるので参考にしてほしい。

出土した遺物は、出土層名・出土地点などを取り違えないように注意して種類・出土層名・遺物番号を付し、計測した出土地点の座標と標高を記録する。記録に使う用紙や筆記具は耐水性のあるものを使うか、密封のできるビニール袋に用紙を入れて濡れによる腐食を防ぐ。また、記録の対象になる遺物はすぐ取り上げず、つづきが土中に埋まっていないか周囲をよく確認しながら遺物の出土地点を柱状に残し、遺物が出そろった段階

でまとめて記録と取り上げをした方が効率的である。遺物を取り上げる際は、遺物の種類にかかわらず必ず両手を使って取り上げる。取り上げた遺物は耐水性のある用紙や筆記具を使って記録を付ける。

　以前は遺物が出土した地点の標高をレベルで読み、出土地点の平面位置は平板上に読み取るか、水糸を張って2次元座標を読んで方眼紙上に記録した。このようなアナログ方式の記録には多くの人手を要するが、最近は光波測量機器を使って計測誤差の少ない記録を少人数で迅速に処理し、コンピュータ上で3次元データを立体視できるようになった。

(2) 埋葬骨の撮影と実測

　発掘の完了した住居跡など構築物の遺構や土層断面などは、写真撮影ののち実測をおこなう。ここでは人やイヌ、ウリボウ（イノシシの幼獣・幼猪）などの埋葬骨を検出したときの記録について説明する。

　掘り上がった段階で手早に清掃し、実測前に写真撮影を済ませるのは遺構や土層断面などと同じ段取りである。フィルムカメラでは撮影を失敗する可能性に対する恐れが常につきまとったが、高画質なデジタル一眼レフカメラの普及によってそのような心配をする必要はなくなった。しかし、展覧会等でつかう拡大写真などに対応した大型・中型カメラの撮影も欠かせないので、カメラとレンズ、シャッタースピード、絞りなどの原理はしっかり勉強しておこう。

実測図は写真画像のノイズを省略し、要点を簡略化して見せるために報告書や論文、展覧会などで必要な科学的な図解法である。①まず、基点にセオドライト（トランシット）を立て埋葬骨全体を広く被う四隅が90°の四角形をつくる。この４点が作図の基準点になるので、ピンポールを垂直にしっかり立てる。埋葬骨の周囲に足場スペースを広くとった方が動きやすい。立てたピンポールの間を10cmから20cmの等間隔に区切り、そこに五寸釘を打つ。長いピンポールは作図の際さまたげになるので避けた方が無難である。②つぎに埋葬骨の一番高い箇所に接しないように浮かせた水糸を一筆書きで格子に組むようにして水平に張る。骨が急斜面などにあって段差が大きい場合は水糸の高さを２段、３段に張り分ける。五寸釘の頭に２、３回水糸をからめるようにして結び、緩まないように張る。③実測する骨の測点上に先端の尖った"重り"を糸で静かに吊り下ろす。"重り"の尖った先端が骨に当たると、骨が傷つくので当たらないよう注意する。④この糸と格子に組んだ水糸とのＸ軸、Ｙ軸の距離をコンベックスで計測し、方眼紙上に縮尺したものを写し取っていく。エンピツの濃さは消しゴムがつかいやすいＨもしくは2H程度がよい。描画線は常に１本線で引くようにし、スケッチ画のように同じところで線を重ねない。⑤測定を担当する者、描画を担当する者、"重り"糸を下げる者、いずれも観測と測定は場所を移しながら常に真上から水糸を透かした視点でおこなう。野外で長時間紙面を見つめる作業は目が疲労するので、強風以外は冬でも直射日光を遮るパラソ

ルが必要である。⑥測点を多くした方が正確な図がかけそうだが、現場ではどうしても計測誤差が出やすいので、測点はできるかぎり少なくとり、フリーハンドを優先する。⑦描画がひととおり済んだ段階で何カ所かポイントを計測しなおして修正を加え完成する。⑧最後に磁北や基準点の座標もしくはその位置、実測年月日、縮尺率を示す線分、実測担当者名が実測図に示されているか確認する。

　現場の実測では微小な骨や歯の形にこだわらないことが重要である。何度も"重り"を垂らして細部の修正を繰り返すと、骨と"重り"が接触する頻度が増え、骨を傷つける危険性も増す。とくにイヌの頭蓋骨は薄質なので、何日も実測に時間がかかると乾燥や強風、紫外線などの影響で骨のタンパク質情報が失われたり、骨が脆くなって原形を損なったりする。せっかくうまく写真や図がとれても、貴重な実物標本を傷めては本末転倒である。迅速に処理することが大切である。どうしても歯や手足の指や掌部の細部をうまく描けないのが普通である。真上からスケールを入れて写真撮影をおこない後日修正するのも一つの方法である。

　埋葬骨の姿勢は多様だが、どのような姿勢の埋葬骨でも人体や動物の骨格のしくみが理解できていないとうまく描けない。とくに貝塚では埋葬骨が出土する可能性が高いので、発掘前に準備して骨の形や数、名称、解剖学的な各骨の位置関係などの予備知識を勉強しておく必要がある。

(3) 実測後の埋葬骨の取り上げ

　実測が終了したら直ちに骨を回収する。回収時には必ず両手を使う。実測図には主要な骨に番号を振り、回収する骨にも対応する番号をつけた耐水性のあるカードをつけ、油性ペンで記録する。埋葬骨が平坦な場所からほぼ同じ高さに並ぶように出土した場合は、回収する順番は情報量が多い頭蓋骨から回収する。人骨の脳頭蓋を構成する骨はいずれも表面が平滑で厚く頑丈だが、頭蓋底には微妙な骨性突起や空洞がある。下顎骨も扱いやすい。しかし、縄文人は歯周病や歯槽膿漏に罹患している割合が高く、歯が抜け落ちやすいので扱いに注意する。抜け落ちた場合は歯をビニール袋に入れて頭骨を回収した同じビニール袋に入れる。

　イヌの頭蓋は人骨に比べると非常に薄く脆い。とくにイヌの切歯や小臼歯はサイズが小さいうえ、歯根が1根で抜けやすい。頭骨を回収している最中に歯牙が脱落して見失う事故が多い。歯牙はイヌの生前の生活を推定するうえでの手がかりとなるだけでなく、年齢形質でもあるので発掘中に失う事故はあってはならない。頭蓋骨や下顎骨の回収時には、もう一人補助に回って手を添えてもらうようにした方がよい。人骨、犬骨とも手足の指の骨は細かく小さいので回収漏れのないように注意する。貝塚から出土する埋葬されたウリボウの月齢は生後3～4カ月以下の個体が多い。生後間もない幼体なので骨はイヌよりもさらに華奢である。頭骨は脳頭蓋、側頭骨、後頭骨、蝶形骨などのすべての骨の縫合部が遊離しているため、指先で軽く触

れただけでも崩れ回収が不可能になることがある。歯牙も象牙質の形成が途中で内部は空洞になっている。骨も歯も両手でつかむことは困難である。脱脂綿を敷いたケース内に頭骨（頭蓋骨、下顎骨）や目につく主要な骨（四肢骨、脊椎骨、肋骨など）を優先的に2本の竹串で箸のように使って挟んで回収する。回収しきれない小さな指骨などは、周辺の乾いた土ごと多めにすくってビニール袋に入れてもち帰り、室内で1mmメッシュ程度の細かいフルイにかけて余裕をもって回収した方がよい。

3 微細遺物の対応

　遺跡の堆積物中に残されている遺物や考古資料は、目視で確認できる土器や石器、動物骨だけではない。石器や骨角器を製作する過程で生じた小さなチップ片や小型動物の骨、貝殻、炭化種子など人間の肉眼では物理的に識別不可能な微細遺物が存在する。それらは偶然に発見できる場合もあるが、発掘中にはそのすべてが見落とされていると考えられる。微細遺物を検出するには、その性質に応じたサンプリング法と分離法を用いる必要がある。

　動物遺存体組成を復元する際に重要な微細な動物遺存体の分離法については第Ⅲ章で述べるので、ここでは縄文時代の竪穴住居跡の炉跡遺構に残存していた微細遺物のサンプリング法を紹介する。

　千葉市小中台遺跡の2号竪穴住居跡（縄文時代中期後半）は

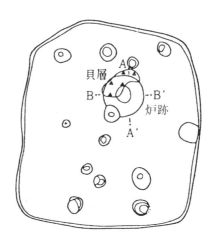
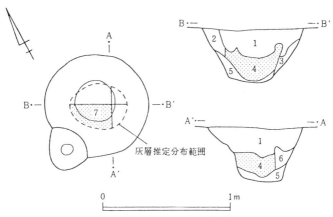

図3 千葉市小中台遺跡2号住居跡(上)と炉跡(下)
(千葉県文化財センター編 1987)
1. 暗褐色土層 2. 暗褐色土層 3. 炭化層 4. 灰層 5. 焼土層
6. 褐色土層 7. 灰層サンプルと炭化層サンプルの採取範囲

覆土の上層にハマグリを主体とする貝層が厚く堆積しており、その直下の炉跡から厚さ約20cmの灰の層が検出された。

　木や草などを燃やしてあとに残る灰は、カリウム化合物や植物由来の珪酸体プラント・オパールなどを主成分とする化学物質である。灰は食器洗いの洗剤やアク抜きなどに使われ人の生活に身近で有用な物質だが、遺跡を発掘してもなかなか目にすることはない。これは灰が酸性土壌中で分解されるためである。しかし、貝塚の貝層中もしくは厚い貝層に被われた土層などでは炭酸カルシウムなどの影響で残存する可能性がある。

　この2号竪穴住居炉跡の灰層の上位には土層が堆積し、その下位には炭化物層と焼土層が堆積している（図3）。この炉跡内堆積物の約半分を一括採取した。灰層の灰は1mmメッシュのフルイを通過した分をプラント・オパールの分析にまわし、フルイに残留したものを水洗分離したところ、多くのタイのヒレの骨と数尾分のマイワシの脊椎骨が同定された。マイワシは沿岸部に住んだ縄文人が日常的な動物タンパク源として利用した魚で、タイは現代と同じようなご馳走となった高級魚である。炭化層からは高熱で土器底部から剥離したと思われる大量の土器剥離片と炭化材が分離され、また焼土層は高熱をうけレンガ状になったロームブロックで主に構成されていることがわかった。このことから炭化物層と焼土層は、この住居が使われていた期間中に炉が使用されつづけていた証拠となる堆積物であると考えられる。しかし、灰層中には剥落した土器の剥片や炭化材、焼土粒が含まれないこと、純度が高いことなどから、

炭化物層と焼土層とは異なる経過で堆積したものと推定される。最も可能性が高いのは炉の灰層が2号竪穴住居が廃屋になる直前の堆積物の可能性である。もしそうだとすれば、この灰層は居住中の日常的な堆積物ではなく、廃屋にかかわる何らかのイベントにともなう堆積物の可能性が考えられる。

　当時の住居における一般的な炉の使い方や、想定されるイベントの時間的な推移をより具体的に復元するための情報を引き出すには、サンプリングにどのような工夫をすればよかったのだろうか？　炉内堆積物を層ごとにサンプリングするだけでなく、各層の堆積物を垂直・水平方向に分けてサンプリングすれば、各層における骨や土器の剥離片、炭化物の分布が層のなか

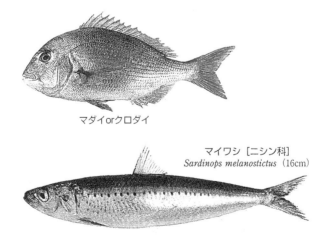

図4　2号住居跡の炉跡から同定された魚
（写真は上野・坂本 2005 より）

で一様に散らばっていたのか、それとも特定の場所に偏っていたのかを調べることが可能だったと思われる。ただし、粒子の細かい灰は崩れやすく、平面で10〜15cm間隔、垂直方向では5cm程度の厚さで採取するのが物理的な限界であろう。いっぽう、炭化物層と焼土層は粗い堆積物で構成されるので、灰層のような細かい寸法で区切ることはできないかもしれない。いずれにしても、発掘現場では堆積物の性質にあわせたサンプリングの工夫や判断が求められるだろう。

4　貝層の年代

貝塚の年代は、出土した土器の相対年代から類推するのが従来からの方法である。しかし、現代人が使っている家具、工具や自動車、電車などを引き合いに出すまでもなく、縄文時代でも使用している土器が全国一斉に新しい形式にモデルチェンジすることはなかったにちがいない。したがって、従来の方法による時間の尺度では、考古学上の事象の同時性や地域差などを詳細に論議することはできなかった。最近では放射性炭素による年代測定技術の向上により遺跡から出土した遺物の放射性炭素を測定することで数十年以下の誤差で正確な年代を得られるようになり、文献記録のない時代や地域の古代人やものの動きを詳しく解析できるようになった。

開発による貝塚の消滅を前提にした発掘では、あとになっての追試ができないので、少なくとも貝塚貝層が形成された期間の時間的な上限と下限を把握することが大切である。貝塚で人

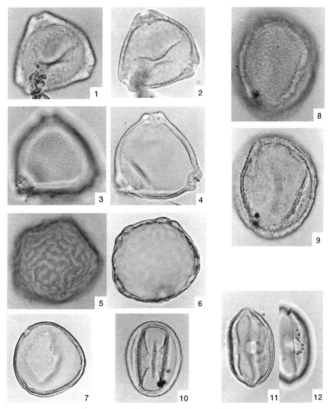

図5 垂水・日向遺跡から算出した花粉化石（1）（松下 2004 より）

1. 2. ヤマモモ属（MM5、F地点-2） 3. 4. カバノキ属（MM16、C地点-16） 5. 6. ニレ属―ケヤキ属（MM28、H地点-5） 7. エノキ属―ムクノキ属（MM21、H地点-3） 8. 9. コナラ属コナラ亜属（MM27、F地点-1） 10. コナラ属アカガシ亜属（MM26、F地点-1） 11. 12. トチノキ属（MM4、F地点-13） すべて800倍。なお、かっこ内は標本番号、産出地点を示す。

が生活していた期間と貝塚に貝層が形成された期間がいつも一致するとは限らないからである。遺跡堆積物の分層が容易な貝塚では貝層の層位関係を系統的に整理することで、その遺跡で最も古い時期に形成された貝層と最後に形成された貝層を決定することができる。最上層の貝層と最下層の貝層から採取した貝殻もしくは炭化物を年代測定に委託し、その結果を土器の形式からの推定年代と併記して報告書に公表すべきである。

　1980年代ごろまでの発掘では、貝塚では貝層を掘りあげると、その下位にある土層中から大量の土器片が出土しない限り、貝層下の土層まで深く掘り下げることはまれだった。しかし、遺跡に縄文人が住みついたころの古環境やその年代、さらには彼らが集落を形成する過程で周辺植生がどのように変化したと考えられるかなどの古環境変遷などを調べるために土層の花粉分析や炭化物の系統的な採取を試みることも検討するようにしたい。

コラム2 〈茨城県上高津貝塚の貝層下土層〉

　酸性土壌が卓越するわが国では遺跡に動物遺存体が保存されないのが一般的だが、貝塚貝層では大量の貝殻から溶け出た炭酸カルシウムのはたらきでこれらが保存されることはすでに述べた。そうだとすれば、貝層下に堆積する土層中で、炭酸カルシウムの影響はどのくらいの範囲まで及ぶのだろうか。おそらく、貝層を構成する貝の種類や貝層の厚さ、密度、そして土層の化学的性質などによって違いがあると思われるが、まだ詳しいことはわかっていない。

茨城県土浦市にある上高津貝塚では2006年までの発掘で確認できた最も古い貝層はシジミを主体とする縄文時代後期前半の貝層である。この貝層の下位には粘性の強い黒褐色土層が厚く堆積しており、縄文時代後期前半と中期後半の土器片が出土した。この土層を垂直方向に掘り下げれば漸移的に地山に移行すると推定されるが、移行面はまだ確認されていない。興味深いことは、貝層中から大量に同定されるウナギ、フナ、アジ・イワシ、ハゼなどの小魚の骨がこの黒褐色土層からも連続的に出土することである。その頻度は深度が深くなるにつれて減少し、貝層の下面から垂直方向に約20cm下方で消滅する。

　この事実からは、以下のような二通りの解釈が成り立つ。その第1は、もともと貝層下の土層中に魚骨は堆積していなかったが、貝層中に捨てられた魚骨が貝殻などの大きな堆積物の間隙をすり抜けて貝層から土層中にこぼれ落ち、炭酸カルシウムの影響が及ぶ土層のなかで保存された可能性である。

　第2の解釈は、上高津貝塚では貝層がつくられる以前から魚とりがはじまっており、彼らが手に入れ利用した魚の骨は集落内に捨てられていたという解釈である。採貝活動と貝層の形成は魚とりに遅れてはじまったので、この貝塚の初期の魚とりの証拠は、魚の骨を捨てた場所に時間差をもって形成された貝層から溶け出した炭酸カルシウムが浸透した土層中に保存されたという理解である。

　第1の解釈については、小さな小魚の骨と比べてみればたくさんの貝殻が重なりあった貝層堆積物は大きなすき間があちらこちらにある堆積物である。小魚の骨が貝層のすき間から下にある土層にこぼれ落ちることがあってもおかしくない。貝層下面から深くなるほど小魚の骨の出現頻度が減少するという事実とも矛盾しない。ただし、この解釈の難点は貝層下に堆積する黒褐色土層の

粘性の強さである。貝層中から小魚の骨がこぼれ落ちることがあったとしても、一定の厚さに堆積した粒子の細かい土層の中を草や木の根で押されたとしても20cmの深さまで潜り込むことができるかどうかが一つの論点になるだろう。

　また、第2の解釈が成り立つとすれば、縄文時代の採貝活動と魚とりは従来から「漁撈」という一つの枠のなかで考えられているが、その担い手は同じ集落のなかであってもかならずしも同じ構成員ではない可能性が考えられる。採貝と魚とりに従事し、その技術を伝承する人たちの年齢層や性、家族などに違いがあれば、同一集団のなかでも活動のパターンに違いがあっても不思議ではない。今後の比較資料の増加を待ちたい。

III 採集方法で変わる動物遺存体の中身

1 遺跡の動物相と動物組成

　遺跡の動物相（fauna）というのは、ある遺跡から出土したすべての動物遺存体から同定した動物種を網羅したものである。遺跡の動物遺存体は長い時間軸の上に堆積したもので、なおかつさまざまな動物群（哺乳類、昆虫類、両生類、爬虫類など）で構成されるので、遺跡の動物相を復元するのは事実上、不可能に近い。しかし、その遺跡にある時期住んだ古代人が直接食用にした哺乳動物、あるいは魚類などに時間軸や動物群を限定すれば、遺跡の哺乳動物相や魚類相として表すことができる。地理的に近接した遺跡間の動物相は類似するが、遺跡の時代が異なれば地性的に近接していても動物相は異なることがある。

　遺跡の動物相の成因は大部分が遺跡をつくった古代人の狩りや魚とりなどの経済行動にあるが、遺跡周辺に生息するネズミ、カエル、ヘビ、小鳥などがしばしば遺跡内に侵入し斃死することがあれば、その個体が少なからず混入する可能性がある。両者の識別は難しいが、少なくとも（1）遺存体の分布状況と（2）遺跡動物の生態を把握することが必要である。

侵入動物の侵入開始が遺跡に人が住まなくなってからであれば、その動物の遺存体の垂直方向の分布は遺跡堆積物の表層から上層に偏在するはずである。しかし、動物の侵入が遺跡の形成期間をつうじて繰り返され、遺跡に人が住まなくなったあとも継続していれば遺存体の分布に顕著な偏りはみとめられない。

　人里にしばしば侵入する脊椎動物の種類は比較的限られている。遺跡周辺の現在および過去の環境などを考慮して、どのような種類の動物がどのくらいの頻度で侵入しうるかについて生態学的、歴史学的な吟味が必要である。カエルやヘビ、トカゲのように土中に潜ったまま斃死した動物や、周囲に宅地などがあれば縄文犬とは形態の異なる後代のイヌやハクビシンなどの外来種が遺跡に埋もれているケースがある。

　いっぽう、遺跡の動物組成は体長組成、年令組成、性構成などである。遺跡の住民である古代人と関係の深いいくつかの種の動物に限定して、その動物の個体群がどのような体長の個体で構成されているか、あるいは年齢や性の構成比はどうなっているかなどを具体的に示すものである。古代人の狩りや魚とりなどに由来する遺跡の動物は、古代人が選択的に捕まえた個体だけで構成されるので、自然界に生息するその動物の組成とは一致しない。自然界での生態が詳しく調べられている動物では、性や年齢の違いで食べ物や生息する場所をすみ分けたり、季節的に移動したりすることが知られている場合がある。その生態調査の結果と遺跡の動物組成、すなわち彼らの選択の中身

を詳しく調べた結果を対比することで、彼らの狩りや魚とりの技術や季節性、経済的な思惑などを具体的に知る手がかりが得られる可能性がある。

この章では、貝塚の動物組成の解析方法について以下でもう少し詳しく検討してみよう。

2 貝塚産マダイの体長組成

遺跡から出土する動物のうち、貝類は殻長や殻高が直接に遺存体から計測できる数少ない例外的な動物である（図6）。貝類以外のほとんどの出土動物の場合、その体長はまず個体の成長と骨や殻の成長が正の相関関係にある骨や殻の部位を調べ、それに対応する遺存体の計測値を使って復元する。

図7は福島県の太平洋沿岸と関東地方の内湾沿岸につくられた合計4カ所の縄文時代後期の貝塚から発掘採集したマダイの前上顎骨長（以下ではPML）の分布と、推定復元したマダイの体長分布を示すヒストグラムである。横軸はマダイ

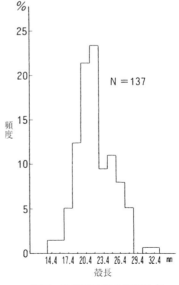

図6 貝塚産貝類の殻長分布
（小宮 1994）

のPMLのサイズをmm単位で示し、4カ所の縄文貝塚から発掘採集したマダイのPMLサイズの計測結果を5mmごとの階級幅で分け、その頻度数を棒グラフで示した。棒グラフは白抜きの棒グラフ（外洋貝塚）と斜線を施したもの（内湾貝塚）の2本の棒グラフがずれ重なった状態で示してある。図の縦軸は左右に1本ずつあるが、右の縦軸には4カ所の縄文貝塚から出土したマダイの前上顎骨の頻度数（％）を、また左の縦軸にはマダイの体長（cm）を示してある。現生マダイのPMLと体長の成長は図中に黒点で示したような正の相関性があるので、この図から当時の縄文人が漁獲したマダイの体長組成が推定復元できる。それによると、外洋貝塚と内湾貝塚から発掘採集したマダイのPMLはいずれも20〜65mmの範囲にあって45〜50mmに最頻値がある。PMLと体長の計測値を示す黒点を結んだ相関曲線にもとづいて推定復元した縄文貝塚のマダイの体長範囲は約25〜75cmで、推定復元体長50〜60cm付近に最頻値がある。一般の魚は卵から孵化した膨大な量の年少群は、春から夏にかけて浅い海に生える藻場などで餌をとってすごすが、成長とともに補食や斃死などによって急激に個体数を減らしながら次第に浅場を離れて沿岸で成魚とともに暮らす。そして、水温の下がる晩秋から冬には沖合の深場などで越冬するという生活史を繰り返すことがわかっている。マダイの体長は最大120cm前後に成長するが、大型サイズに成長した成魚は年齢を重ねるごとに漁獲などで個体数を減らす。赤澤威氏によると、図7でPML 50mmをこえる前上顎骨の割合が次第に減少

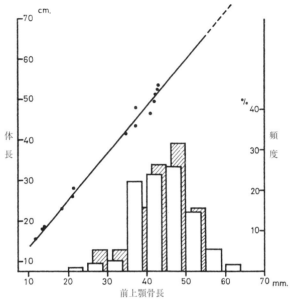

図7 縄文貝塚産マダイ体長組成
（赤澤 1969）

するのは、マダイ資源に占める年長群に比例した漁獲物の体長組成を反映すると考えられる。しかし、生存数の多い若齢群が資源全体に占める割合は十分大きいので、貝塚から PML 35mm 以下の前上顎骨が急に頻度を減らすことや PML 20mm 未満のものが出土しないことを同じ理由では説明できない。PML 35mm の顎骨は推定復元体長約 40cm のマダイに、また PML 20mm の顎骨は推定体長約 25cm のマダイの顎骨にそれぞれ相当する。したがって、縄文貝塚からこのサイズの骨の出

土数が少ないかまったく出土しないことが事実であれば、すでに述べた4カ所の縄文貝塚人は、いずれも推定体長約40cm以下のマダイ群を選択的に漁獲しなかったか、あるいは彼らが使っていた漁具・漁法が推定体長約40cm以下のマダイ群の漁獲に適していなかったか、あるいは推定体長約40cm以下のマダイ群が出現しない漁場でマダイ漁をした可能性があるという。

　以上のような解釈はこれまで提唱されたことのない新しい方法による解釈で、赤澤氏の研究によってどの貝塚でも同じ方法での比較と検証が可能になった。このように貝塚産魚貝類の体長組成は、その成因を分析することによって縄文人の漁撈にかかわるさまざまな情報引き出しが可能になった。

3　サンプリング・エラー（発掘中の見落とし）

　動物考古学は遺跡から発掘した動物遺存体を基本データとしている。もし、発掘した動物遺存体に重大な採集エラー（見落とし）があれば、せっかく苦労してつくったデータは台無しである。

　発掘現場での採集エラーは、「見まちがい」と「見落とし」の二種類がある。「見まちがい」は資料や形や色彩が他のものとまぎらわしいために起こるもので、しばしば動物骨と植物の根・茎を見まちがう。慣れてくれば微妙な重さや柔らかさの違いで区別できるようになる。深刻なのは「見落とし」である。発掘では、小形サイズの出土資料に対する物理的なサンプリン

グ・エラーの可能性を常に頭に入れておく必要がある。というのは、わたしたちの目は小さなものを素早く見つける能力をそなえていないからである。

　動物遺存体でいえば、イノシシやシカ、マグロのように身体の大きな脊椎動物は骨格が大きく、それを構成する個々の骨のサイズも相対的に大きい。これらの動物骨が出土すれば、わたしたちはすぐに見つけて採集できると思って疑わないだろう。しかし、イノシシやシカのような大きな動物でも骨の部位が違えばサイズはバラバラである。手掌や指を構成する骨は頭蓋や四肢長骨（手足の長い骨：上腕骨、尺骨、大腿骨、脛骨）に比べてかなり小さい。また、イノシシやシカの幼獣やノウサギやリスのような小形動物は頭蓋や四肢長骨でもかなり小さく、手掌や指を構成する骨はもっと小さい。縄文貝塚ではイノシシやシカの成獣骨は大量に出土するが、小形動物やイノシシやシカの幼獣骨はあまり出土しないので、縄文人は幼獣を狩りの対象としないハンティング・マナーの良い狩猟民だというのが従来からの定説である。発掘では小さな骨は大きな骨より見つけにくいという前提に立つと、この定説が見落としによる影響をきちんと検証した裏付けができているのだろうか？　と疑う必要がある。あとから述べるように、従来、縄文遺跡から多く出土するとされている動物の種類やその骨の部位は、上にあげた見つけやすい骨とよく一致している。

　以下では、発掘中のサンプリング・エラーの実例をいくつか見てみよう。

(1) 採集法でクロダイの体長組成が変わる

すでに述べたマダイと同じ方法で、貝塚のクロダイの体長組成を復元すると、縄文貝塚から発掘採集されるクロダイは復元体長が約25〜45cmのサイズに限られている。このことから、縄文人はこの体長範囲のクロダイだけを選択的に漁獲していたと考えられていた。

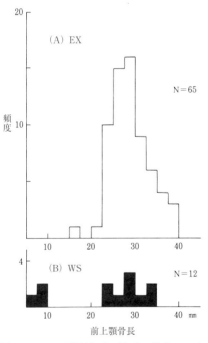

図8 クロダイ体長組成（小宮・鈴木 1977）
A：発掘中に発見した資料
B：コラムサンプルから水洗分離した資料

図8は茨城県土浦市上高津貝塚（縄文時代後期：約4000年前）のクロダイ前上顎骨のサイズ（PML：33頁参照）を採集方法別に比較したヒストグラムで、（A）は発掘中に発見した採集資料（以下ではEXと略称）、（B）は貝層試料を水洗分離して得た資料（以下ではWSと略称）である。グラフの縦軸には頻度（%）、横軸にPMLをmm単位で示してある。それぞれの方法で採集したクロダイPMLの頻度数を2.5mmの階級幅で分け、白と黒の棒グラフで示した。

　（A）に示したクロダイPMLは20〜40mmの範囲にある。PML 25〜32.5mmに最頻値があって、その前後で頻度が急激に低下する。すでに述べたマダイと同じようにクロダイでもPMLと体長は相対成長の関係にあって、PML 20〜40mmの前上顎骨は体長約25〜45cmのクロダイに、また最頻値のPML 25〜32.5mmの前上顎骨は体長約30〜37cmのクロダイに相当する。体長40cm以上のクロダイが少ないのは、クロダイは最大に成長しても体長50cm前後で成長が停止し、自然界でも40cm以上の個体が少ないためと考えられる。（A）から復元されたクロダイの体長組成は、各地の縄文貝塚から発掘採集された周知のクロダイの体長組成とよく一致している。すなわち、縄文人は体長約25〜45cmの範囲のクロダイだけを選択的に漁獲していたという仮説を支持している。もしこれが事実なら、このサイズから外れたクロダイの骨は縄文貝塚から採集できないはずである。

　ところが（B）のWSではPML 5.0〜37.5mmの範囲の前上

顎骨が採集され、最頻値は PML 7.5〜10mm に現れた。PML 7.5〜10mm のクロダイの推定復元体長は約 6〜12cm に相当する。図8に示したように EX と WS 資料総数の比は 65：12 であるが、資料を採集した貝塚の発掘面積の比は約 100：2 である。この面積比から単純計算した上高津貝塚のクロダイ体長組成は図8（B）のパターンに推定復元するのが妥当であろう。

　中サイズのクロダイ成熟メス1尾が1回に産卵する卵数は約15万粒に達する。自然界で孵化するクロダイの個体数は天文学的で、捕食や斃死をまぬがれながら成長した幼魚や若魚は岸寄り藻場周辺で群生する。縄文人が渚近くの漁場でしばしば小魚とりをしていれば、彼らが若年魚の大群と接触し、頻繁に漁獲したとしてもおかしくない。図8に示した傾向は、貝層サンプルを水洗分離したすべての縄文中後期貝塚で同様にみとめられ、上高津貝塚だけの特例ではない。

　以上のような考え方に大きな誤りがなければ、図8（A）と（B）のヒストグラムの違いは、従来の発掘での採集方法が PML 20mm 未満のクロダイの骨を回収できず、すべて見落としていたためと考えた方が理解しやすく、縄文時代のクロダイ漁に関する従来の考えは大幅に修正する必要がある。

(2) 採集法で変わる哺乳動物組成

　発掘中のサンプリング・エラーは陸上の動物遺存体でも深刻である。図9と図10は千葉市有吉北貝塚（縄文時代中期）を例にして、復元される哺乳動物遺存体の動物組成が性格の異な

Ⅲ 採集方法で変わる動物遺存体の中身 41

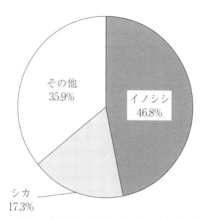

図9 有吉北貝塚 発掘採集資料から復元した哺乳類遺存体構成 (EX NISP N = 5313)

る採集方法で、どのように変わるかを示したものである。

　図9は、有吉北貝塚の貝層ほぼ全域を発掘して現場で発見採集した哺乳動物遺存体（EX-NISP）の内訳を動物種別に示したものである。図に示すように、採集した哺乳動物遺存体総数は5313点で、その約64％をイノシシとシカの遺存体が占め、残りの約36％はイノシシとシカ以外の哺乳動物の遺存体が占めている。後者の内訳は多い順にタヌキ（11％）、ノウサギ（9％）、イヌ（5％）、ネズミ（5％）、モグラ（2％）などの中小形哺乳動物である。ただし、この貝塚では現場で掘り上げた貝塚の貝層の土を本来なら捨ててしまうところを、もう一度メッシュ寸法3cmと5cmの粗いフルイにかけて見落とした骨を再回収している。したがって、これまで知られている縄文貝

塚のデータと比べると、中小形哺乳動物の割合はきわめて高くなっている。フルイを使って一度見落とした骨を再回収していない従来の貝塚の発掘では、哺乳動物遺存体に占めるイノシシとシカ遺存体の割合が 90 % 前後を占めるというのがこれまでの常識である。

いっぽう、図 10 は同じ貝塚の任意の地点から採取した貝層試料を水洗分離して得た哺乳動物遺存体（WS-NISP）の内訳を動物種別に示したものである。採集した 74 点の哺乳動物遺存体に占めるイノシシとシカ遺存体の割合は約 23 % と EX-NISP に比べて大きく低下し（イノシシとシカが区別できないものはイノシシ$^{or}/_{and}$シカに分類）、タヌキ、ノウサギなどの中小形哺乳動物が約 77 % と高い割合を占めた。WS-NISP の

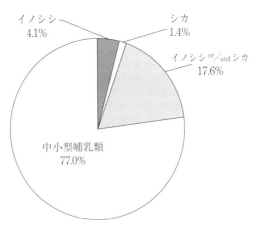

図 10 有吉北貝塚中期後半　コラムサンプル 5 地点水洗分離　哺乳類遺存体構成
（WS NISP　N = 74　V = 733.5 ℓ）

総数は EX-NISP に比べて著しく小さいが（約 1.4 ％）、WS-NISP を採集した地点の総面積は発掘した貝層総面積の約 0.03 ％であるので、面積比から単純計算すれば WS-NISP がこの貝塚の哺乳動物の種構成をより正確に反映している可能性が高い。

このように WS で中小形哺乳動物遺存体の割合がイノシシとシカを合計した割合よりも高くなるのは、有吉北貝塚の特殊事情ではなく、筆者が貝層試料を水洗分離した縄文遺跡で共通している。これは、前節のクロダイの体長組成で説明した採集方法の問題が哺乳動物遺存体でも起こっているためと考えられる。そうだとすれば、小形動物遺存体の採集に適した資料採集法を採用すれば、各地の縄文遺跡で中小形哺乳動物の占める割合の高い哺乳動物組成が復元されると予想される。

従来から縄文人の主要な狩猟対象獣は成獣のイノシシとシカだと考えられている。しかし、このような資料採集法による発掘事例が立地条件の異なる遺跡でも追認されるとすれば、縄文人の狩猟は集落周辺の森林生態系に生息する多様な動物資源の利用に適応していたと考えるのが妥当である。

4 微細資料の分離法

すでにみてきたように、発掘中に小さな動物遺存体を見つけられない最も大きな理由は、物理的にサイズの小さいものを私たちの目が識別しにくいためである。そして、出土資料を識別しにくくするもう一つの要因は、資料の表面に付着する遺跡の

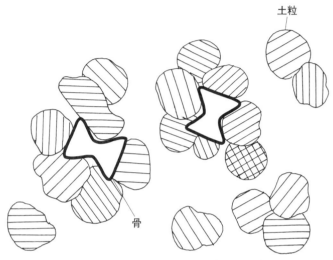

図11　土壌中の土粒と微小骨（小宮原図）

土壌である。出土資料が小さくなるほど相対的な表面積は大きくなり、表面に付着した土壌によってわたしたちの目から遮られると考えられる（図11）。図11では微細資料を鼓形の太い線で示し、斜線が土壌粒である。土壌は岩石が風化したさまざまな大きさのミネラル分や、動植物の遺体などの有機物が分解した粒子状のもので構成される。これらの土壌粒子は互いに結びついて大小の団粒状態になっている。

このような状態の小形資料を土壌中から効率よく発見するには、水溶性の土壌成分を水で洗い流し、土壌と資料を完全に分離させればよい。大量の水を使う細かい作業になるので、遺跡堆積物の一部を定量採取して、風や直射日光の影響のない室内

でおこなう。最も効果的な分離法はフルイを使った水洗である。土壌の粒子の大きさは一定でないので、分離効率を高めるためにメッシュ寸法の異なる同規格のフルイを重ねて使う。筆者は当初、土壌分析用の10mm、4mm、2mm、1mmメッシュの4種類の同規フルイを使っていたが、1mmメッシュのスクリーンを通過する超微細な魚骨(復元体長5〜6cmの小魚!)が縄文貝塚に存在することが明らかになったので、0.5mmメッシュのフルイを追加して5種類の同規フルイを組み合わせている。

　水洗は小分けした試料をフルイにあけておこなうが、試料が水圧で飛び散らぬよう水量や水圧を調整する。粘性の高い遺跡土壌は水を注ぐと、すぐにフルイのメッシュが目詰まりを起こし、土壌が溶け出さなくなる。その場合は、あわてずに柔らかい天然毛のブラシを使って目詰まりを起こした試料の表面をなでつけるようにして伸ばし、そのあとからゆっくり注水するときれいに水が抜ける。

　土壌が資料から完全に分離し水洗が完了すると、フルイのメッシュ面上には考古資料と礫や砂など水に溶けない土壌成分だけが残留する。水洗の終了した分離物は新聞紙など吸水性のある紙の上にあけ、直射日光の当たらない場所で3、4日ほど自然乾燥させる。乾燥の終わった分離物は白紙上に移し替えて、このなかから遺存体などの考古資料をピンセットで採集する。ピンセットは微細資料を壊さずピックアップできる専用のものを使う。

5 堆積物サンプルの取り方

　小形サイズの動物遺存体を効率よく採集する方法として、遺跡堆積物を土壌ごと定量採取した試料（サンプル）を水洗分離する方法を紹介したが、試料は微細な資料が多く発見できた場所だけから採取してはいけない。

　遺跡全体における動物遺存体の堆積状況を把握するには、分析試料が貝塚の特定の地点や特定の層に偏在しては意味がない。測量の座標杭を利用して土層断面をとるライン上に採取地点を一定の間隔をあけて設定し、その下位にある堆積物を垂直方向に柱状に連続採取すると地点や層に偏らない定量の試料を得ることができる（図12）。貝塚貝層でのサンプル採取地点の大きさは貝層を構成する主要貝のサイズなどを考えて決定するが、シジミくらいの小形貝主体の貝層なら一辺25～30cm前後、シジミよりサイズが大きいハマグリ主体の貝層なら一辺40～50cm前後が扱いやすい。このように一つの地点から柱（column）状に連続採取した試料全体をコラムサンプルという。実際のコラムサンプルの採取は、採取地点周囲の発掘を優先的に進めてからおこなう。発掘が進むとコラムサンプルは掘り残されたかたちになる。ただし、柱状に長く残すと崩れやすいので、こまめに標高などの記録を取りながら採取する。コラムサンプルは約5cmの厚さで水平にカットし、採取地点名とカット番号を順次付してビニール袋内に収納する。

　コラムサンプルを採取した地点は遺跡全体から見れば小さな

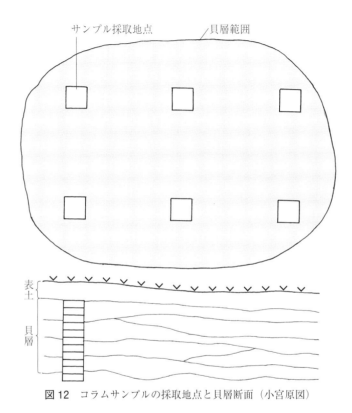

図 12 コラムサンプルの採取地点と貝層断面（小宮原図）

スポットである。したがって、サンプルの採取地点数は多ければ多いほど貝層内における遺存体の組成とその分布状態がより正確に推定できる。しかし、水洗分離作業は沢山の労力と同定作業に時間がかかるので、経費がかかる。貝層の厚さや予算などによって分析可能なサンプル採取地点数は自然に決まってくる。

Ⅳ　貝類遺存体

1　貝塚の貝種構成を調べる

　縄文時代の貝塚の貝層は、当時の人たちが選択的に捕獲した貝で構成される。日本の沿岸や湖沼などには多くの種類の貝が生息しており、彼らが捕らなかった貝も多い。貝層構成貝の内容をくわしく調べると、彼らが貝をとった漁場や彼らの漁具・漁法などに関する情報などが得られる可能性がある。

　ここでは貝層構成貝の種構成を復元することに焦点を当ててみよう。一般的に貝種構成というのは、貝の種類と貝種ごとの量の組み合わせであらわされる。具体的には、どのように調べたらよいのだろうか。

　まず、貝の種同定であるが、日本に生息する貝の種類は沿岸や河川流域だけに限っても非常に多い。しかも、貝塚から出土する貝のほとんどが殻のどこかを破損し、殻の色彩も失っているので、貝類分類の専門家でも貝を正確に同定することは大変むずかしい。専門家に協力してもらって収集した現生標本とよく比較しながら同定しないと間違える可能性が高い。いまから約130年も前に刊行されたモースの大森貝塚発掘報告書『理科会粋第一帙　大森貝墟古物編、1879年』(Shell Mounds of

図13　品川区立大森貝塚遺跡庭園（J・クライナー 2011より）

Omori）を見ると、モースは貝類の専門研究者であるが、それでも大森貝塚出土の貝標本の同定は地元の大森海岸をはじめ日本全国の海浜から採集した現生の実物標本と比較しておこない、当時の学名を付して報告している。

2　個体数表記による種構成

　千葉県市川市から木更津市付近にかけての東京湾沿岸は、縄文時代中後期の巨大貝塚が集まった貝塚地帯である。この貝塚群の主体となる貝について、ある本ではハマグリと書かれ、別の本ではハマグリとイボキサゴが最も多いと書かれている。しかも、量の多い少ないは調査した人の主観なので、1980年代まではこの貝塚群の正確な貝類構成はほとんどわかっていな

図14 北貝塚貝層断面内イボキサゴ層（部分、村田 2013 より）

かった。

　当時は発掘や現地踏査などでよく目立つ貝が貝層構成貝の主要貝として記録された。しかし、貝塚に捨てられている貝の種類や量は貝塚の地点や層によってバラツキがあるため、どこでも均質になっているとは限らない。ある地点で多い貝が、ほかの場所でも多いという保証はない。さらに、東京湾の広い地域にまたがるこの貝塚群の貝類構成が、どの貝塚でも同じかどうかわからない。地域的時期的な差はないのだろうか？　このような問いかけにも、この調査方法では十分に答えることはできない。

　このような問題を解決するために、貝塚の複数の地点から定量の貝層サンプルを採取し、分析用の試験フルイで水洗してそ

表1 千葉県草刈貝塚の貝層構成貝類（MNI）（9.5mm＋4.0mm メッシュ）

	貝　種		サンプル コラムサン								
			163A	178B	190B	197A	203A	207B	208A	209G	300
			64	24	48	36	24	28	32	96	48
腹足綱	＊	ツボミガイ				5					
		イボキサゴ	4367	10235	4031	15853	6342	1764	2999	18074	12543
		ダンベイキサゴ									
		スガイ	1								
		カワニナ	37		1	2		6	2	14	19
	＊	タマキビガイ									
		オオヘビガイ									
	＊	カワアイガイ									
	＊	ヘナタリ									
	＊	ウミニナ属	44	54	16	410	140	7	21	184	281
		ツメタガイ	14	2	3	9	17			8	4
		アカニシ			2	4	1			1	2
		イボニシ								2	1
	＊	アラムシロガイ	44	50	31	152	48	11	16	277	157
		バイ									
	＊	トクサガイ									
	＊	キジビキガイ科								2	
二枚貝綱		サルボウガイ	1				1				
		マガキ	92	2			2			4	48
		マツカサガイ				2	1	1		3	
		シジミ属	1								
		アサリ	30		1	17	4	2		6	2
		オキシジミガイ	4	2	3						4
		カガミガイ								2	1
		ハマグリ	361	56	88	848	250	190	7	384	768
		オニアサリ									
		バカガイ				5		1		1	1
		シオフキガイ	71	27	4	71	19	37	1	18	50
		ムラサキガイ									
	＊	サビシラトリガイ									
		マテガイ	10			3	38			3	
		オオノガイ								2	
合　計			5077	10428	4180	17381	6863	2019	3046	18985	13881

千葉県文化財センター、1986をもとに加筆。
＊は食用以外の貝類。表2、表3も同じ

Ⅳ 貝類遺存体 53

採取地点											合 計	
プル総体積(ℓ)												
388A	470	478-1	478-2	480	485	511	516-1	516-2	538			
72	64	64	56	48	16	44	44	52	120	980	%
	6					3				14	
4744	48776	18245	17965	26293	5762	25119	42337	19938	38688	324075	92.6
				2			1			3	
						1			1	3	
17	3	8		8			4	4	53	178	0.1
						1	1			2	
			1							1	
	17			1						18	
	4									4	
81	805	43	54	303	36	223	248	266	795	4011	1.1
14	45	17	48	12	1	32	43	27	41	337	0.1
1	2			2		4	4	5	7	35	0.0
						1	1			5	0.0
21	1504	43	46	255	51	227	296	248	490	3967	1.1
							1	1		3	
									3	3	
	3				3				4	12	
			1			2			2	7	0.0
67	5	2		1		1	3	40	4	271	0.1
	4			2	2			1	3	19	0.0
			1							2	0.0
5	209	8	3	42	7	18	68	14	59	495	0.1
10	2	1		10	1		4	3	29	73	0.0
4										7	0.0
1951	899	668	585	271	145	948	2041	729	2579	13768	3.9
										1	
	2		1		1		1		8	21	0.0
61	388	88	30	87	59	15	135	89	415	1665	0.5
									1	1	
										1	
2			1	9	2			12	6	86	0.0
										1	
										3	
6980	52672	19124	18734	27299	6070	26594	45189	21377	43192	350071	

表2 市原市草刈遺跡の貝類構成（MNI/ℓ）（9.5mm + 4.0mm メッシュ）

貝 種		コラムサン サンプル								
		163A	178B	190B	197A	203A	207B	208A	209G	300
		64	24	48	36	24	28	32	96	48
腹足綱	ツボミガイ	0	0	0	0.1	0	0	0	0	0
	イボキサゴ	68.2	426.5	84.0	440.4	264.3	63.0	93.7	188.3	261.3
	ダンベイキサゴ	0	0	0	0	0	0	0	0	0
	スガイ	0.0	0	0	0	0	0	0	0	0
	カワニナ	0.6	0	0.0	0.1	0	0.2	0.1	0.1	0.4
	タマキビガイ	0	0	0	0	0	0	0	0	0
	オオヘビガイ	0	0	0	0	0	0	0	0	0
	カワアイガイ	0	0	0	0	0	0	0	0	0
	ヘナタリ	0	0	0	0	0	0	0	0	0
	*ウミニナ属	0.7	2.3	0.3	11.4	5.8	0.3	0.7	1.9	5.9
	ツメタガイ	0.2	0.1	0.1	0.3	0.7	0	0	0.1	0.1
	アカニシ	0.0	0.0	0.0	0.1	0	0	0	0.0	0.0
	イボニシ	0	0	0	0	0	0	0	0.0	0.0
	*アラムシロガイ	0.7	2.1	0.6	4.2	2.0	0.4	0.5	2.9	3.3
	バイ	0	0	0	0	0	0	0	0	0
	トクサガイ	0	0	0	0	0	0	0	0	0
	キジビキガイ科	0	0	0	0	0	0	0	0.0	0
二枚貝綱	サルボウガイ	0.0	0	0	0	0.0	0.0	0	0	0
	マガキ	1.4	0.1	0	0	0.1	0	0	0.0	1.0
	マツカサガイ	0	0	0	0.1	0.0	0	0	0	0
	シジミ属	0.0	0	0	0	0	0	0	0	0
	アサリ	0.5	0	0.0	0.5	0.2	0	0	0.1	0.0
	オキシジミガイ	0.1	0.1	0.1	0	0	0.0	0	0	0.1
	カガミガイ	0	0	0	0	0	0	0	0.0	0.0
	ハマグリ	5.6	2.3	1.8	23.6	10.4	6.8	0.2	4.0	16.0
	オニアサリ	0	0	0	0	0	0	0	0	0
	バカガイ	0	0	0	0.1	0	0.0	0	0.0	0
	シオフキガイ	1.1	1.1	0.1	2.0	0.8	1.3	0.0	0.2	1.0
	ムラサキガイ	0	0	0	0	0	0	0	0	0
	サビシラトリガイ	0	0	0	0	0	0	0	0	0
	マテガイ	0.2	0	0	0.1	1.6	0	0	0.0	0
	オオノガイ	0	0	0	0	0	0	0	0.0	0
合 計		79.3	434.5	87.1	482.8	286.0	72.0	95.2	197.8	289.2

IV 貝類遺存体 55

プル 採取 地点										平均値	標準偏差
体積（ℓ）											
388A	470	478-1	478-2	480	485	511	516-1	516-2	538		
72	64	64	56	48	16	44	44	52	120		
0	0.1	0	0	0	0	0.1	0	0	0	0.0	
65.9	762.1	285.1	320.8	547.8	360.1	570.9	962.2	383.4	322.4	340.5	244.1
0	0	0	0	0.0	0	0	0.0	0	0	0.0	
0	0	0	0	0	0	0	0	0	0.0	0.0	
0.2	0.0	0.1	0	0.2	0	0	0.1	0.1	0.4	0.1	
0	0	0	0	0	0	0.0	0	0	0	0.0	
0	0	0	0	0.0	0	0	0	0	0	0.0	
0	0	0	0	0.0	0	0	0	0	0	0.0	
0	0.3	0	0	0.0	0	0	0	0	0	0.0	
0	0.1	0	0	0	0	0	0	0	0	0.0	
1.1	12.6	0.7	1.0	6.3	2.3	5.1	5.6	5.1	6.6	4.0	3.7
0.2	0.7	0.3	0.9	0.3	0.1	0.7	1.0	0.5	0.3	0.3	
0.0	0.0	0	0.0	0	0.1	0.1	0.1	0.1	0.1	0.0	
0	0	0	0	0	0.0	0.0	0.0	0	0	0.0	
0.3	23.5	0.7	0.8	5.3	3.2	5.2	6.7	4.8	4.1	3.7	
0	0	0	0	0	0	0	0.0	0	0	0.0	
0	0	0	0	0	0	0	0	0	0	0.0	
0	0.0	0	0	0	0.2	0	0	0	0	0.0	
0	0	0	0	0	0	0.0	0	0.0	0	0.0	
0.9	0.1	0.0	0	0.0	0	0.0	0.1	0.8	0.0	0.2	
0	0.1	0	0	0.0	0.1	0	0	0.0	0	0.0	
0	0	0	0.0	0	0	0	0	0	0	0.0	
0.1	3.3	0.1	0.1	0.9	0.4	0.4	1.5	0.3	0.5	0.5	
0.1	0.0	0.0	0	0.2	0.1	0	0.1	0.1	0.2	0.1	
0.1	0	0	0	0	0	0	0	0	0	0.0	
27.1	14.0	10.4	10.4	5.6	9.1	21.5	46.4	14.0	21.5	13.2	11.2
0	0	0	0	0	0	0	0	0	0	0.0	
0.0	0	0.0	0	0	0.1	0	0.0	0	0.1	0.0	
0.8	6.1	1.4	0.5	1.8	3.7	0.3	3.1	1.7	3.5	1.6	1.5
0	0	0	0	0	0	0	0	0	0	0.0	
0	0	0	0	0	0	0	0	0	0	0.0	
0.0	0	0	0	0.2	0.1	0	0	0.2	0.1	0.1	
0	0	0	0	0	0	0	0	0	0	0.0	
96.9	823.0	298.8	334.5	568.7	379.4	604.4	1027.0	411.1	359.9	364.6	

のなかの貝を調査する方法（コラムサンプル・水洗分離法）が開発された。

表1は、東京湾沿岸の巨大貝塚群の一つで、村田川河口の右岸にある千葉県市原市草刈貝塚（縄文時代中期）の貝種構成を、この方法で示したものである。表の上覧に19カ所のコラムサンプル採取地点、左欄に貝種名、右欄に最小個体数（MNI）の合計を示した。表の数字は、各地点の単位サンプルから同定できた貝のうち10mmと4mmメッシュのフルイのスクリーン上に分離された貝類遺存体の最小個体数である。サンプル採取地点の大きさは一辺約50cmの正方形で、この貝塚の貝層全域に分散するように設定した。コラムサンプルはこれらの採取地点の直下にある貝層堆積物で、垂直方向に約5cmごとの厚さで水平に切って採取した。この貝塚のコラムサンプル1単位の大きさは50cm×50cm×5cm＝1万2500cm^{3}となる。この貝塚の、ある地点の堆積物の厚さが50cmあったとすると、この地点からは10

表3 木更津市峰ノ台貝（9.5mm＋4.0mm メッシ

種　名
イボキサゴ
カワニナ
ウミニナ属
ツメタガイ
ホソヤツメタガイ
ツメタガイ属種不明
アカニシ
＊　　アラムシロガイ
バイ
イモガイ科種不明
ヒダリマキマイマイ
サルボウガイ
サトウガイ
マガキ
イシガイ科種不明
バカガイ
シオフキガイ
ミルクイガイ
シラトリガイ属種不明
マテガイ
シジミ属
カガミガイ
アサリ
オキアサリ
ハマグリ
オキシジミ
オオノガイ
コウイカ科種不明
種不明破片資料
合　計

塚の貝類構成（MNI/ℓ）（gr/ℓ）（サンプル体積 12.5ℓ）
ュ）（千葉県文化財センター、1998 に加筆）

最小個体数 (MNI)	(%)	MNI/ℓ	重量 (gr)	(%)	gr/ℓ
1304	43.2	104.3	628.0	5.6	50.2
4	0.1	0.3	1.3	0.0	0.1
14	0.5	1.1	7.4	0.1	0.6
21	0.7	1.7	302.3	2.7	24.2
40	1.3	3.2	327.3	2.9	26.2
4	0.1	0.3	22.0	0.2	1.8
10	0.3	0.8	293.0	2.6	23.4
28	0.9	2.2	8.3	0.1	0.7
9	0.3	0.7	153.0	1.4	12.2
1	0.0	0.1	17.9	0.2	1.4
18	0.6	1.4	14.5	0.1	1.2
15	0.5	1.2	378.9	3.4	30.3
1	0.0	0.1	8.5	0.1	0.7
2	0.1	0.2	18.4	0.2	1.5
1	0.0	0.1	0.4	0.0	0.0
13	0.4	1.0	89.6	0.8	7.2
587	19.4	47.0	1750.8	15.8	140.1
1	0.0	0.1	182.4	1.6	14.6
3	0.1	0.2	2.2	0.0	0.2
322	10.7	25.8	79.8	0.7	6.4
1	0.0	0.1	1.4	0.0	0.1
27	0.9	2.2	627.3	5.6	50.2
367	12.1	29.4	2071.5	18.7	165.7
7	0.2	0.6	19.2	0.2	1.5
178	5.9	14.2	1623.7	14.6	129.9
2	0.1	0.2	7.5	0.1	0.6
41	1.4	3.3	95.5	0.9	7.6
1	0.0	0.1	0.0	0.0	0.0
―			2371.7	21.4	189.7
3022	100.0	241.8	11103.8	100.0	888.3

単位のサンプルからなるコラムサンプルが1本採取できることになる。

　コラムサンプルは単位ごとにメッシュ・サイズが10mm、4mm、2mm、1mm、0.5mmの5種類の試験フルイを組み合わせて丁寧に水洗し、各メッシュのスクリーン上に分離された貝類遺存体を採集する。この表をみると、19カ所どの地点でもイボキサゴの量が圧倒的に多く、合計では全体の約93％を占め、2位のハマグリとの間に大きな差があることがわかる。イボキサゴを圧倒的な優占種とする貝種構成は、草刈貝塚に隣接する千葉市木戸作貝塚や千葉市小金沢貝塚などの後期貝塚でも同様にみとめられるので、東京湾東海岸にある中後期貝塚の一般的な貝種構成なのかもしれない。なお、この表では各採取地点における垂直方向の成績が不明だが、この貝塚では貝種がある層を境にして大きく変化することはみとめられなかったので、そのデータを省略している。調査した貝塚で垂直方向に変化がみとめられれば、もちろんそのデータは示すべきである。

　ところが、じつは表1も欠点だらけである。というのは、サンプル採取地点の大きさやサンプルをカットする厚さが変われば、すなわち単位サンプルの体積が変わればそのなかに取り込まれる貝の個体数も変わるので、表の数字はあまり意味がない。また、サンプルの体積が異なる他の貝塚データとの比較は困難で、従来の方法の欠点はほとんど改良されていない。この問題は、コラムサンプルが定量サンプルであることを活用して、貝の最小個体数を単位体積あたりに換算した値を示すこと

で解消できる。

　表2は同じ草刈貝塚のデータ（表1）を貝層1ℓ（1000cm³）当たりの最小個体数（MNI/ℓ）に書き直したものである。もちろん、貝種構成の内容は表1と変わらない。これを草刈貝塚から南に約30km離れた下総台地上にある木更津市峰ノ台貝塚（縄文時代中期）のデータと比較してみよう（表3）。峰ノ台貝塚でも複数の地点からコラムサンプルを採取したが、表には1地点12.5ℓの結果だけを示した。これによると、この貝塚でもイボキサゴが全体の約43％を占める優先種であるが、1ℓあたりの最小個体数は約100である。この値を草刈貝塚のイボキサゴ1ℓあたりの最小個体数の平均340と比較すると、1/3以下ということがわかる。峰ノ台貝塚でイボキサゴのつぎに多いのはシオフキガイ（47MNI/ℓ、全体の約20％）とアサリ（約30 MNI/ℓ、全体の12％）で、ハマグリはマテガイ（26 MNI/ℓ、全体の10％）より低い約6％だが、1ℓ当たりのハマグリの最小個体数は約14 MNI/ℓで、草刈貝塚の約13 MNI/ℓとほぼ同じ値である。

3　重量表記

　以上のように東京湾沿岸の縄文中後期貝塚ではイボキサゴが貝種構成貝で大きな位置を占めていると予想できる。しかし、このことはかならずしもイボキサゴの経済的重要性を示すとはかぎらない。というのは、中後期縄文人は干潟での採貝漁法として手や道具を使って砂泥のなかに潜んでいる貝を掘り返して

一つ一つ捕まえるという方法以外にも、熊手のような漁具を使って一度にまとめ採りするなど、すでに貝の生態に応じた多様な漁具・漁法を開発していたと推定されるからである。イボキサゴは水のきれいな砂質干潟に大量に発生する殻の直径が2cm前後の小形巻貝で干潮時の干潟表面を群れて這いずりまわっている。当時、まとめ採りの漁法が開発されていたとすれば、イボキサゴもこの方式での漁獲対象となり、同じように干潟で這いずりまわっているが、食用とならないアラムシロガイなどとともに漁獲されたと推定される。したがって、表1や表2のように貝の個体数であらわした種構成では彼らの採貝活動に占めるイボキサゴの割合が過剰に表現され、漁撈の実態を評価できない可能性がある。つまり干潟表面でまとめ採りしたイボキサゴ1個あたりの労働コストと、干潟の砂のなかに深く隠れ、そうは簡単に掘り出せない殻長4〜5cm前後のハマグリ1個採集する労働コストを同等に評価しては縄文人の採貝活動の経済性を理解できないと思われる。

　そこで、表3右欄に峰ノ台貝塚の貝種構成を単位体積当たりの重量（gr/ℓ）で表した。水産物の漁獲量の大きさを重量で示す現代の漁獲量表記に近い方式である。この表によれば、最小個体数表示で全体の約40％を占めたイボキサゴの割合は全体の約6％に落ち、カガミガイと同じ割合になる。そして、私たちにもなじみのあるシオフキガイ、アサリ、ハマグリの3種が全体の約15％前後の割合でほぼ横並びとなり1位から3位までを占める。おそらく当時の縄文人にとって経済的に最も重

要な貝はこの３種で、イボキサゴよりも優先度が高かった可能性がある。このように貝塚の貝種構成は最小個体数で表記するよりも重量表記の方が当時の縄文貝塚人の採貝の実情をより正確に復元できる。なお、重量表記では同定できた全資料を計量する。すなわち、巻貝では同定可能な貝殻と破片すべてを計量し、二枚貝は左右の殻を区別せずに破片も含めて計量する。同定できなかった貝殻は二枚貝、巻貝を問わず未同定資料として計量する。

いずれにしても、峰ノ台貝塚では全重量の５％以上を占める貝種は上記の４種のほかにツメタガイ類（ツメタガイとホソヤツメタガイを合わせたもの）とカガミガイを加えた６種にとどまる。残念ながら草刈貝塚などの東京湾奥の縄文貝塚では重量表記のデータがないので、比較はできない。

そこで、表１や表２を参考に東京湾奥の縄文中後期貝塚の重量別貝種構成を推定復元してみる。圧倒的な個体数を占めると考えられるイボキサゴは１個当たりの重量は小さいが、個体数の多さから重量表記にしても峰ノ台貝塚ほどの大きな落ち込みはないと推定される。しかし、１個当たりの重量が同様に小さいアラムシロガイ（殻高 1.5cm 前後）やウミニナ類（殻高 3cm 前後）は個体数がそれほど多くないので、重量表記にすると全体に占める割合は相当落ち込み、貝塚の主要貝から外れると予想され、個体数では低い割合だったハマグリが主要貝として順位を上げてくると考えられる。したがって、重量表記でもイボキサゴはハマグリとともに貝塚主要貝の地位を保つと考

えられ、これにシオフキガイ、アサリを含めた３ないし４種の貝が主要構成貝を形成すると予想される。

　以上のように東京湾沿岸の巨大貝塚の貝は干潟に住む貝で主に構成されると考えられるが、主要貝の種類は少ないのが特徴である。このことは、この地域の縄文人がごく限られた種類の貝だけを長期間にわたって漁獲し、巨大な貝塚をつくったことを示している。この傾向が全国の縄文貝塚でも共通してみられるのかどうかは、まだ明らかでない。

4　4mm メッシュを通過する微小貝

　表１と表２の貝類は 10mm と 4mm のメッシュ面で分離した相対的なサイズの大きなもので、その大部分は縄文人が選択的に漁獲した貝に由来すると考えられる。しかし、貝塚の貝層中には肉眼では見つけられないミクロな貝（微小貝）がかくれている。貝層から採取したコラムサンプルにもこれらの微小貝は採りこまれるが、サイズが小さいため 4mm メッシュまでのフルイのスクリーンを簡単に通り抜けてしまう。これらを分離するには、2mm、1mm、0.5mm メッシュなどのより細かいメッシュのフルイを使用する。

　微小貝の正体は陸貝と水生貝で、そのほとんどが殻高 5～6mm から 1～2mm 前後の小さな巻貝である。種同定にはルーペや実体顕微鏡で拡大して微細な殻の形態的特徴を識別できる専門的な知識が必要である。

　貝塚の「微小貝」の大部分はカタツムリの仲間の陸貝で、一

般的には水生貝は稀である。陸貝は陸上で不足する殻の材料となるカルシウムを求めて貝塚の貝層に侵入し、斃死した個体と考えられる。さまざまな種類の陸貝を同定でき、これらの陸貝の生態を調べることで、当時の貝塚周辺の古植生を推定することができる。遺跡周辺の古植生というと花粉分析を思い浮かべるが、花粉は植物の種類によって飛散距離や花粉の生産量が一定しないので、遺跡周辺の古植生を復元するときはその見きわめが必要になる。これに対して微小な陸貝の移動距離や貝種による距離差も大きくないと推定されるので、遺跡の陸貝群の生態を調べることで採取地点周辺の植生が草原か森林か、あるいはその中間形態かなどおおざっぱな植生を花粉分析とは違った方法で推測できる。

　ところで、貝塚に残る「微小貝」の存在は古くから知られていたが、縄文人が食用のために集めたものではなく、彼らの生活とは直接的な関係が薄いと考えられることから、考古学ではあまり注目されないのが現状である。現在とくに注目されている「微小貝」は、陸貝ではなく水生の微小貝である。すなわち、干潟外浜のヨシ原などに生息するカワザンショウガイやカワグチツボなどの微小貝と、沿岸の浅い砂泥底に生えるアマモやコアマモなどの海草の表面に付着して生活するシマハマツボやマキミゾスズメハマツボなどの殻高1cm以下の巻貝である。また、貝類ではないが殻の直径が2〜3mmで巻貝に似たウズマキゴカイ（環形動物）の殻も注目を集めている。ウズマキゴカイも海草の表面に付着して生活している。これらの微小な葉

上動物はどれも人間の食用にはならないので、陸貝と同じように縄文人が利用しようとして採った可能性はない。そうだとすれば、彼らが別の目的で刈り取ったヨシやアマモ、またはそれらが生えている場所の砂泥などに混じって貝塚にもちこまれ、偶然、貝塚の貝層にこぼれ落ちたものだけが水洗分離されたと考えるのが妥当である。

現在までのところ、縄文貝塚のコラムサンプルからシマハマツボやウズマキゴカイが発見できる頻度は低いようである。しかし、すでに述べたようなプロセスで集落にもちこまれたものなら、これらの葉上動物のすべてが貝層中に堆積するという保証はない。したがって、貝塚から同定される頻度の少ないことが、かならずしも縄文人が貝塚にもちこんだ海草の頻度を示すとはかぎらない。アマモやコアマモなどの海草類は縄文時代の藻塩生産の問題を論議する際に欠かせない。今後、さらに葉上動物に関するデータを蓄積することが重要である。

5　貝類遺存体の最小個体数

貝類は石灰質の外骨格をもつ軟体動物の仲間で、巻貝類（腹足綱）、ツノガイ類（掘足綱）、二枚貝類（二枚貝綱）、コウイカ類（頭足綱）などが属している。動物考古学で貝類といえば巻貝と二枚貝を扱うことが多いので、これらの最小個体数（MNI）について考えてみよう。

生きている現生標本の個体数は、採集した巻貝と二枚貝の個体数をそのまま数えればよいが、遺跡に残された貝の個体数調

査ではひと工夫が必要になる。

　貝塚貝層中のハマグリやアサリなどの二枚貝は蝶番のところで左右の殻が離れ、殻の一部もしくは大部分が壊れているものが大部分を占める。いっぽう、ウミニナやイボキサゴなどに代表される巻貝には左右の殻はないが、殻の一部もしくは大部分が壊れた状態で発見される。したがって、定量サンプル中の標本の数だけを単純に数えると、左右の殻が分かれた二枚貝は、実際に貝塚人が利用して捨てた個体数を巻貝より少なくとも二倍多く数えてしまう可能性がある。また、壊れた二枚貝や巻貝のカウントの仕方にもルールを決めておかないと、同じ個体の破片を繰り返し数えてしまうことになりかねない。

　まず、貝塚に残された二枚貝の左右殻を区別することからはじめよう。現生標本を一つ手にして、二枚貝の合わせ目が垂直になるようにして二枚の殻を一つずつ両手でもつ。つぎに二枚貝の腹縁を自分の方に向ける。蝶番のある殻頂は自分からは遠くなる。殻頂からは左右にのびる側縁がある。靭帯という殻を開くバネがあるが、この靭帯の付いている側縁を上に向ける。靭帯の付いている側縁は付いていない側縁より平坦である。垂直になった殻の合わせ目が自分の腹と向き合っていることを確認できたら、自分の右手のもっている殻が右殻、左手のもっている殻が左殻である。左右が決まったら、殻の内面をみて貝柱の痕（閉殻筋痕）や外套線の走行状態や蝶番内側の形態が左右殻でどのように違っているかも確認する（図15）。これらは貝の種同定の決め手になる重要な形態的特徴なのでよく観察しよ

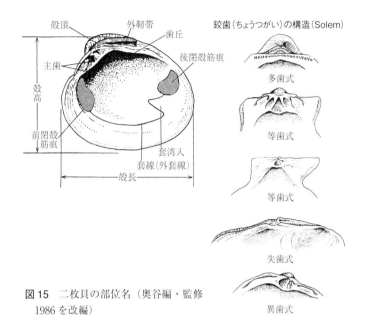

図15 二枚貝の部位名(奥谷編・監修 1986を改編)

う。一度覚えれば、破損した標本でも種の同定や左右の区別ができるようになる。

　左右の殻の区別がつくようになったら、つぎに破損個体が多い貝塚標本をカウントするときのルールを決めておく。二枚貝では種同定に有効な特徴の多くは蝶番部分に集中している。一般的な方法は、この部分を残している標本だけをカウントして、それ以外の標本は破片の大小にかかわらずカウントの対象から外す。左右殻のどちらか片方だけをカウントしたものがその貝のMNI、すなわち最も少なく見積もった場合の個体数という概念である。しかし、二枚貝の左右の殻は本当に左右等し

い数が貝塚に捨てられているのだろうか？　何カ所かの縄文貝塚でコラムサンプルを採取してそのなかに出現したハマグリの右殻と左殻の全数を数え、左右殻の出現頻度に統計的な偏りが生じていないかを検定したところ、いずれも有意な結果が出ているので、右殻と左殻のどちらで最小個体数を算定しても大きな差は生じないと考えられる。一つの貝塚ならすべての二枚貝を右殻と左殻のどちらを数えるよう決めておく方が便利である。

　さらに最小個体数を厳密に算定しようとする場合は、標本のサイズの違いも見逃せない。これまでは左右1点ずつの二枚貝の貝塚標本があった場合、それぞれ二枚貝1個体から分離した左右の殻と見なし最小個体数は1と紹介した。しかし、この左右の殻のサイズに明らかな差があった場合、それぞれ別個体に由来する標本と考えて最小個体数を2と判定する。ただし、縄文貝塚のように捨てられている貝殻量が非常に大きいので、微妙なサイズ差を膨大な時間と手間をかけて識別したとしても、その根拠を説得力のある証拠で説明するのはかなり困難である。全体量が十分大きい貝塚の貝では多少の誤差は無視できるので、サイズ差にはあまりこだわらなくてよい。

　巻貝のMNIは、巻貝の同定の手がかりが殻口や臍孔がある体層部分に集まっているので、この部分、とくに殻口が残る標本だけをカウントの対象とするように決めておく。ただし、内湾貝塚ではまれなサザエやアワビなど岩礁海岸などに生息する巻貝の体層部以外の破片がサンプル中に現れることがたまにみ

られる。その場合は例外としてカウントした方がよい。

　重量で種組成を表現する場合は、巻貝、二枚貝とも破損標本を含めて計量するので、破損標本の同定能力の高さが重量による種組成の精度を決める。したがって、殻の形態的特徴を細部までよくマスターする必要がある。

　いずれにしても貝類遺存体の同定とカウントには、厳密に同定された現生標本の観察がベースとなる。採集した現生標本はよく洗って汚れを落とし、種名、採集年月日、採集地（産地）、採集者などの基本データを記録したカードと一緒にビニール袋に1点ずつ収納して、ほこりや直射日光の当たらない場所に保存しておくとよい。なお、記録用紙は中性紙、筆記用具はボールペンや色インクは避け、耐用年数に実績のあるものを使う。

コラム3　〈沖積層の貝塚と自然貝層〉

　現代よりも海水準が高かった時期の縄文人の主要な生活の舞台と当時の遺跡は標高の高い台地上や高地にあって、沖積層には存在しないと以前は考えられていた。しかし、水田の下や沖積層から縄文時代各時期の遺跡の発見が相次ぎ、そのような考えが誤りであることがわかってきた。

　沖積層に埋没した貝塚の認定がむずかしいのは、沖積層に堆積した「自然貝層」と人間がつくった「貝塚貝層」の識別がむずかしいからである。沖積低地のボーリング調査で貝層に当たったときや、現地踏査で沖積面に貝殻が散布しているのをみとめた場合、試掘トレンチを入れて貝層断面を調査する。トレンチ断面にまとまった量の土器や石器などが顔を出していればよいが、見つけら

れないからといってすべて自然貝層と判断してよいのだろうか。立地的に遺跡があるとすれば漁撈基地などの一時的なキャンプ・サイトである可能性があり、本拠地でない遺跡では土器や石器がないか、あっても非常に少なくてもおかしくない。たまたま試掘した貝層断面に土器や石器が顔を出す確率は相当に低いと予想される。また、貝層断面で火山灰層を確認できれば灰の成分を調べることで、おおよその年代はわかるが、周辺地形や貝層の厚さ、貝殻の堆積状態や貝種構成などの情報では、貝塚貝層と自然貝層とを区別する決め手は得られない。そこで、考古学の立場から科学的な根拠を示すとすれば、コラムサンプルを複数地点から採取して貝層の貝種組成や主要貝の殻長組成などをミクロスケールまで検討するのがベストだろう。

たとえば、陸貝が同定されれば自然貝層である可能性は低下し、貝の殻長組成に漁具の影響がみとめられればさらにその可能性は下がる。ただし、広い森林や草原が発達していない低地では陸貝は台地上のように多生していなかった可能性があるので、陸貝を同定できないことが自然貝層である決め手にはならない。

以下に、沖積低地に埋没していた千葉県市原市実信遺跡の例を紹介する。確認調査で出現した貝層から採取したコラムサンプルの解析結果にもとづいて本調査をおこない、自然貝層の上に縄文貝塚がつくられていることが判明したものである。遺跡の標高は約4.5mである。確認調査で発見した貝層は上下2層に分かれ、中央付近に層厚約20cmの砂間層を挟んでいた。コラムサンプルは2地点から採取した。

コラムサンプルの調査項目は①微小貝、②魚類遺存体、③ハマグリの殻長組成、④二枚貝の捕食痕の4項目である。①は、貝層中の微小貝構成における陸貝／水生貝の比率を調査した。②は、自然貝層中に魚類遺存体が残存する可能性は低いので、サンプル

から魚類遺存体が同定できるかどうかの調査である。③貝塚の貝の殻長組成は漁獲の影響で最頻値を中心とする正規分布型もしくはJ字分布になるが、自然貝層では幼貝が相対的に高い頻度であらわれる。④干潟で生活する二枚貝は、ヒトデやツメタガイ、アカニシなどの肉食性貝類に捕食される。肉を食べられた二枚貝の殻表にはかれらが肉を吸い取るために開けた穿孔痕が残る。貝塚の貝層を構成する二枚貝にはこのような穿孔痕はみられないので、その頻度を調査した。

図16に示したように、陸貝と魚類遺存体が発見できたサンプルおよび漁獲の影響がみとめられる殻長組成が発見できたサンプルは標高約3.5〜3.4m以上でみられ、それより下部のサンプルにはみとめられない。いっぽう、自然貝層型の殻長組成と捕食痕のある

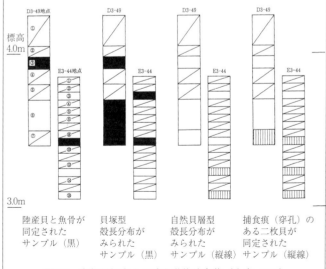

図16 実信貝塚出土の哺乳動物遺存体（小宮 1999）

二枚貝は標高約 3.4m より下部でみられ、それより上部のサンプルには出現しない。コラムサンプル中の水生微小貝の分析結果をあわせると、標高 3.5〜3.4m 付近を境に上下の貝層は性質が異なり、干潟の塩性湿地の上に貝塚がつくられていると推定した。この推定結果にもとづいて上部貝層を中心とする本調査を実施したところ、多くの土器・石器、埋葬人骨、獣骨を含む縄文時代中期を中心とする貝塚を検出した。

V　魚類遺存体

1　貝塚から出土する魚類をどう考えるか

　縄文貝塚から出土する魚は1970年ごろにはすでに100種をこえる魚種が知られており、わたしたちが日ごろ口にする日本沿岸の魚はほとんどがそのなかに含まれている。

　魚の捕獲は、水中で人と魚が直接あるいは漁具を介して接触することで成立する。しかし、漁獲の対象となる魚はある生態系に生息する魚のすべてではなく、そのごく一部である。縄文貝塚から深海魚をのぞくさまざまな種類の魚が出土する事実は、当時の人たちが開発した漁具、漁法はかなり高度なレベルまで到達していたことを示している。漁船や漁具に改良が加われば、捕獲可能な魚種の数や漁獲量も増加する。もし、現代日本人が日常的に食べている魚で、縄文貝塚の魚類リストに含まれない魚種があるとすれば、漁船や漁具の構造や漁撈技術が未発達か、何らかの文化的事情で漁獲対象から意識的に外している可能性が考えられる。

　いずれにしても、縄文人の漁撈の性質を考えるとすれば、捕獲対象となった魚の種類や量、サイズなどの情報とその生態——どのような環境に生息するのか、大きな群れをつくる魚なのか

群れをつくらない魚なのか、浅い海にすむのか深い海にすんでいるのか—などの情報が欠かせない。第Ⅲ章、第Ⅳ章でも触れたように魚類遺存体全体を一つの集合体としてとらえ、その種構成や体長組成を解析して縄文人の魚とりの具体像に迫るには魚の生態や魚類学などの知識が必要である。

2 魚骨の同定

図17は北アメリカに生息するコイ科魚類の一種 *Gila atraria* の骨格図である。魚の骨格は頭部、胴部、鰭などを構成する150前後の骨に分かれ、骨の形やサイズはさまざまである。頭骨は一つの骨ではなく、頭蓋や上下の顎、鰓蓋などを構成する沢山の骨に分かれ、頭蓋骨も複数の骨が組み合わさっている。脊椎骨は全体図が示されていないが、大きく腹椎と尾椎に分かれ、魚種によって第1脊椎から脊椎末端までの脊椎骨の数や形態が異なる。

動物考古学で従来から同定によく使われる魚骨は、上下の顎骨など咀嚼に関わる形態が特化した骨が用いられる。図示したコイ科魚類の骨でいえば、ノドにある咽頭骨と頭蓋骨のなかに納まっている耳石が形態の特化した骨である。コイ科魚類の第2脊椎は動物考古学で種同定に使える可能性のある有望な骨と筆者は考えているが、まだ十分な研究が進んでいない。

縄文貝塚から採取したコラムサンプルをフルイで水洗分離すると、メッシュ寸法の異なるそれぞれのフルイ面に多数の魚骨が分離する。しかし、その多くは破損していて魚種どころか、

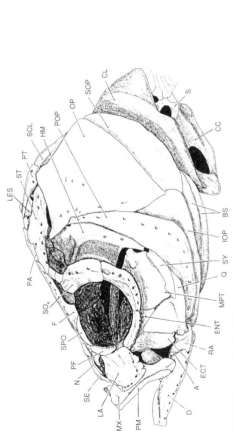

図17 コイ科魚類の一種 *Gila atraria* の骨格図（上野・坂本 2005 を改編）

A 角関節骨（かくかんせつこつ）anguloarticular. BS 鰓条骨（さいじょうこつ）branchiostegals. CC 烏口骨（うこうこつ）coracoid. CL 擬鎖骨（ぎさこつ）cleithrum. D 歯骨（しこつ）dentary. ECT 外翼状骨（がいよくじょうこつ）ectopterygoid. ENT 内翼状骨（ないよくじょうこつ）endopterygoid. F 前頭骨（ぜんとうこつ）frontal. HM 舌頷骨（ぜつがくこつ）hyomandibular. IOP 間鰓蓋骨（かんさいがいこつ）interopercle. LA 涙骨（るいこつ）lacrymal. LES 側外肩甲骨（そくがいけんこうこつ）lateral extrascapular. MPT 後翼状骨（こうよくじょうこつ）metapterygoid. MX 主上顎骨（しゅじょうがくこつ）maxilla. N 鼻骨（びこつ）nasal. OP 主鰓蓋骨（しゅさいがいこつ）opercle. PA 頭頂骨（とうちょうこつ）parietal. PF 側篩骨の前端部骨化（そくしこつのぜんたんぶぶんこつ）prefrontal ossification of lateral ethmoid. PM 前上顎骨（ぜんじょうがくこつ）premaxilla. POP 前鰓蓋骨（ぜんさいがいこつ）preopercle. PT 後側頭骨（こうそくとうこつ）posttemporal. Q 方骨（ほうこつ）quadrate. RA 後関節骨（こうかんせつこつ）retroarticular. S 肩甲骨（けんこうこつ）scapula. SCL 上擬鎖骨（じょうぎさこつ）supracleithrum. SE 上篩骨（じょうしこつ）supraethmoid. SO_4 眼下骨（がんかこつ）infraorbital. SOP 下鰓蓋骨（かさいがいこつ）subopercle. SPO 眼上骨（がんじょうこつ）supraobital. ST 上側頭骨（じょうそくとうこつ）supratemporal. SY 接続骨（せつぞくこつ）symplectic

その魚が属す科という大きな分類群すら特定できない。筆者の経験ではたくさんの魚骨が同定できたと思った遺跡でも同定率は全体の40％前後で、半数以上が魚種不明である。南北に長い日本列島各地の沿岸魚類相は地域差が大きい。関東地方がフィールドである筆者は北日本や西日本、沖縄の遺跡では同定率は相当低いと思われる。魚骨の部位別に同定率を比較すると、最も同定率が高い部位は脊椎骨である。既述のように日本の考古学では魚骨の同定を顎骨などの頭骨を中心におこなっているが、頭部の骨（図17）の大部分は薄い膜状の骨や構造が華奢な骨で、一度壊れると原形がわからなくなり全体量が把握できなくなるので同定には適していない。これに対して、魚の脊椎骨は前後両端が凹んだ鼓型をしているので哺乳類や両生類、鳥類など他の脊椎動物の脊椎骨と混同することもない。また、壊れても探し当てることができるので全体量の把握が可能である。ウナギ目、ニシン亜目、サケ目などの原始的な魚類では、脊椎骨が同定に有効である（表4）。

このような点からみて、筆者は魚の頭骨に力点をおいた同定よりも脊椎骨の同定を中心に遺跡の魚種構成を検討するべきだと考えている。ただし、現在、最も繁栄して1万をこえる種を抱えているスズキ目は脊椎骨の形態も互いに類似している。マアジ、マグロなど大形のサバ科など形態的に特化したいくつかの魚種を除くと、脊椎骨で科レベルの正確な同定は現在までのところできない。同定率が低い貝塚魚類研究の現状を改善するには、多くの魚種が属するスズキ目やカサゴ目を中心に系統的

表 4 縄文貝塚から出土する可能性がある魚と骨同定の難易度

貝塚から記録された主な魚類		同定可能な骨の部位		
		顎　骨	咽頭骨	脊椎骨
軟骨魚綱	メジロザメ目	?	—	△
	ネズミザメ目	?	—	△
	エイ目	?	—	△
条鰭魚綱	ウナギ目	○	—	○
	ニシン目	×	—	○
	コイ目	?	◎	△
	ナマズ目	×	—	?
	サケ目	×	—	△
	タラ目	×	—	?
	ボラ目	×	—	?
	ダツ目	×	—	△
	カサゴ目			
	フサカサゴ科／メバル科	○	—	?
	コチ科	○	—	?
	アイナメ科	?	—	?
	スズキ目			
	スズキ科	○	—	?
	ハタ科	○	—	?
	キス科	×	—	?
	キツネアマダイ科	?	—	?
	シイラ科	?	—	?
	アジ科	○	—	○
	イスズミ科	?	—	?
	イサキ科	?	—	?
	タイ科	◎	—	△
	フエフキダイ科	○	—	?
	シマイサキ科	?	—	?
	イシダイ科	○	—	?
	タカノハダイ科	?	—	?
	ウミタナゴ科	?	—	?
	ベラ科	△	◎	?
	ブダイ科	△	◎	?
	ハゼ科	△	—	△
	カマス科	?	—	?
	タチウオ科	?	—	?
	サバ科	△	—	△
	メカジキ科	△	—	△
	カレイ目			
	ヒラメ科	△	—	△
	カレイ科	△	—	△
	フグ目			
	カワハギ科	?	—	?
	フグ科	△	—	?

◎：魚種同定に適している　　○：一部の魚種同定に有効
△：将来同定できる可能性はある、×：魚種同定に適していない
?：不明

な骨の形態研究を進めて少しずつ同定率を上げることが必要と思われる。

  3　分類―科・属・種

　地球上の生物は膨大な種類の動植物によって構成されているが、生物学的な形態が似たもの同士をグループにまとめていくと段々に細かい階級に分かれ、よく似たもの同士のグループをへて最後はそっくり同士のグループに分かれる。この最小単位に分けられたグループが「種」と呼ばれる分類の概念である。植物、動物という大きな枠も分類のはじまりにある「界」という概念である。詳しくは専門書を参考にしてほしいが、分類学では動植物を、「界―門―綱―目―科―属―種」という階級で分類している。

　たとえば、魚のマイワシを分類学的に表記すると、動物界 Animalia―脊索動物門 Chordata―条鰭魚綱 Actinopterygii―ニシン目 Clupeiformes―ニシン科 Clupeidae―マイワシ属 Sardinops―マイワシ *Sardinops melanostictus* となる。動植物の種名は属名と種小名を組み合わせた二名法に従った「学名」で表され、イタリック書体で表記する。マイワシ属に属する魚種としては日本近海ではマイワシ１種だが、世界の海にはカリフォルニアマイワシ *Sardinops sagax*、ミナミアフリカマイワシ *Sardinops ocellatus* などのマイワシに生態や外形がよく似た魚が生息している。

　つぎに、本文中にしばしば登場する「科レベル、属レベルの

同定」について魚骨を例に説明する。

　タイ科の顎骨を例に説明してみよう。日本沿岸のタイ科魚類にはマダイ、クロダイ、キビレ、ミナミクロダイ、チダイ、キダイ、ヘダイがいる。マダイはマダイ属 *Pagrus* に属し、クロダイ、キビレ、ミナミクロダイはクロダイ属 *Acanthopagrus*、チダイはチダイ属 *Evynnis*、キダイはキダイ属 *Dentex*、そしてヘダイはヘダイ属 *Rhabdosargus* に属す。いずれも海底の貝類や甲殻類など固い殻をもつ動物を食べているので、上下の顎の先端にはこれらを摘みとる門歯状の歯と顎の奥には殻を嚙み砕く臼歯状の歯がびっしりと生えている。従来これらのタイ類は、上下顎骨の形態やサイズ、プロポーション、および臼歯状歯の列数や形などの違いから種同定が可能だと考えられてきた。たとえば、遺跡から完全な形のマダイの顎骨が出土すれば、他のタイ科魚類の顎骨とは形態や歯の列数などが異なるので、マダイという魚種までの同定ができる。これを「種レベル」の同定ができたという。しかし、クロダイ属3種ではどうだろうか？　3種の顎骨は全体のプロポーション、歯の列や数、形が互いによく似ており種を特定できないが、マダイをはじめとする他属のタイとは区別できる。その場合はクロダイ属という「属レベル」の同定ができたという。歯の生えた部分が完全に欠損した標本などもっと手がかりが少ないがタイ科に共通した特徴をそなえた顎骨の破片が遺跡から出土すれば、タイ科という「科レベル」の同定ができたと表現する。

4 同定用乾燥標本の作り方

　魚の全身骨格の解剖学的な特徴を概説した古典的名著（松原 1955、堀田 1961、高橋 1962、赤崎 1962 など）はあっても、遺跡から出土する魚骨の同定に役立つような、骨格を構成する一つ一つの骨の形態的特徴を詳しく解説したものは刊行されていない。なお、服部仁氏のブダイ科咽頭骨と小林久雄氏・前田孟氏共著のコイ科咽頭骨に関する魚類学の論文は魚類学だけでなく遺跡出土の魚骨の同定にも有効だが、図示した魚骨の角度などがかならずしも動物考古学での同定に適していない。

　遺跡出土の魚骨や脊椎動物の骨を同定するには自分で手元に置く標本を作って、自由な角度から遺跡出土の骨と見比べるのがベストである。南北に細長い日本列島では、北海道と九州・沖縄では沿岸に生息する魚の顔ぶれがまったく異なるので、遺跡の地理を考えて遺跡から多く出土しそうな魚に見当をつけ、至近の魚市場などで魚を求めて自分で標本をつくるのが確実である。

　以下では、同定用魚骨標本の作製法について解説する。他の脊椎動物標本も基本的な要領は魚類と同じで、松井章氏と西本豊弘氏は、それぞれ日本産陸上脊椎動物の標本を作製して骨格図にまとめている。ただし、大形動物の標本づくりには一定の設備が必要である。

　同定用魚骨標本には液浸標本と乾燥標本があるが、出土魚骨の同定用には乾燥標本が適している。ここでは乾燥標本のつく

り方を紹介する。

①準備するもの

　魚の解剖図、大きめの蒸し器、ビニール手袋、マチ針、割り箸、ピンセット、歯ブラシ、アリザリン・レッドＳ飽和液、スポイト、過酸化水素水、キッチンペーパー、ビーカー（大、中、小：100cc、500cc、1ℓ程度）、古新聞、ペーパータオル、雑巾、バケツ

　過酸化水素水は劇薬に指定されている。薬局で購入する際は捺印など手続きを求められるので、あらかじめ問い合わせた方がよい。

②現生標本

　まず新鮮な現生標本を手に入れる。現生標本の同定が、いい加減だとせっかくつくった標本が台無しになるので、魚が新鮮なうち軽く水洗いして、標本番号、魚種名、産地、体長、体重、採集年月日などの必要事項を記録する。頭を左にして、背鰭、臀鰭などの鰭(ひれ)を広げた状態にマチ針で固定して、標本番号を記したメモとスケールを入れて側面の全体写真を撮る。鰭の形や鰭の棘と条数は種同定に必要な特徴である。

③魚を蒸す

　キッチンペーパーの上に魚を置き、容器で蒸す。ナベで煮てもよいが、身崩れをおこしたり、鮮度が落ちた魚は内臓が破れたりする。また、魚を煮たあとのナベの掃除も大変である。体表の鱗は採集するときりがないが、図鑑などを見て、年令査定などに用いる特定の部位の鱗を蒸す前に採集するとよい。ただ

し、放っておくとすぐに丸まるので水に漬けるか、なにかしっかりしたものに挟んでおく。

　④肉や内臓を取り除く

　肉や内臓は、骨を傷付けないよう注意しながらピンセットや割り箸を使い分けて慎重に外す。筋肉の走行状態をよく観察してそれにさからわないように外すときれいに外れる。肉と骨が識別しにくいときは、スポイトでアリザリン・レッドS飽和液を少しずつ垂らしながら作業を進める。骨と筋肉では染色に違いがあるので識別しやすくなる。外した肉や内臓などはすぐに古新聞など吸水性のいい紙の上に置き、手元はいつもきれいにしておく。

　⑤骨を取り出す

　おおかたの肉が除かれ、骨が関節でつながった状態で取り出せる状態になったら歯ブラシを使って軽く水洗いする。鮮度が悪い標本や小形の魚は水洗いの途中で関節が外れることがある。初心者は一度バラバラになると骨の部位がわからなくなるので注意する。ここから先が魚類学と動物考古学で扱う標本の分かれ道である。魚類学での標本作製の目的は魚類骨格の解剖学的特徴を比較観察できる交連標本であるが、動物考古学での作製目的は遺跡からバラバラな状態で出土する魚骨と比較解剖する非交連骨標本である。だからといって、最初から骨を無作為に取り出したのでは骨の名称や解剖学的な位置関係がわからなくなる。それを防ぐために関節がつながった状態で白紙の上に骨を置き、骨の名称を確認しながら関節を外していく。左右

を混同しないよう注意する。関節がつながった状態というのは、下顎なら歯骨から角関節骨まで、鰓蓋なら方骨から口蓋骨、主鰓蓋骨までというように、まとまったグループごとに切り離すとよい。頭蓋骨の基後頭骨と前耳骨付近に左右一対の白い耳石がある。魚種同定に使えるが、壊れやすいので注意深く取り出す。関節から外した骨はサイズや形がさまざまだが、膜状の骨や軟骨などは遺跡標本として出土する可能性は低いので比較標本の対象にしなくてもよい。

⑥脱脂

関節を外した骨は、歯ブラシでよく水洗いして関節まわりに残った筋肉などを取り除く。表面がきれいになっても骨には脂が残っているので、このまま放置すると脂やけをおこして変色し、時間がたつと悪臭を放つ。標本を長期にわたって使うなら、可能な限り効果的な脱脂をおこなう。脱脂は、排水パイプ洗浄剤を適量に薄めた液に漬ける方法と、ベンゼンとエタノール2：1の混合液に漬ける方法がある。

排水パイプ洗浄剤は反応を早めるため、40°くらいのお湯を入れた1ℓくらいの容器に骨を浸してから20〜30gを注ぐ。1日ほどたってからビニール手袋をしてピンセットで骨を取り出し、溶け出した肉などを取り除く。この作業を3、4回繰り返す。脂も溶け出すが完成度は高くない。また、小魚の骨を長期間放置すると、劣化するので注意が必要である。

ベンゼン・エタノール混合液は密閉できる容量1ℓ程度の広口ガラス瓶に入れ、室温で3日間ほど漬ける。魚骨を入れると

すぐに脂分が溶け出す。交換用の容器を用意し、液が濁ったら交換する。液の表面に黄色い油粒が浮かなくなったら脱脂は完了である。ただし、ベンゼン・エタノール混合液は引火性と発ガン性があるので、作業中のガスの使用は厳禁で、部屋の換気と専用のマスクとゴム手袋の装着が必要である。この方法での標本の脱脂は完璧で、あとの作業もうまくいくが、換気設備がない場所や人の出入りの多い環境では勧められない。

⑦標本の洗浄、消毒、漂白

脱脂した標本はよく水洗して薬品をよく洗い流し、消毒と漂白をかね30％くらいの過酸化水素水に短時間漬ける。再度水洗して薬品を落とし、吸水性のよい紙の上で陰干しにする。

⑧染色

つくった標本は半透明な白色で細部の形態が観察しにくい。アリザニンレッドSの飽和水に半日から一日漬けると、赤から赤紫色に染まり観察しやすくなる。

コラム4 〈沿岸縄文人の漁撈戦略〉

　従来、貝塚の魚の代表といえば大形のマダイ、クロダイ、スズキの3種で、縄文人はこれらの高級魚を普通に食べていたと考えられていた。本当だろうか？　しかし、貝塚の任意の地点から採取したコラムサンプルを水洗分離すると、沿岸の縄文貝塚ではアジ・イワシ類の骨が、また河川などに面した淡水系の貝塚ではウナギやフナの骨が大量に発見され、これらが貝塚の魚の代表と考

えられるようになってきた。いずれも従来の発掘では遺存体がサンプリング・エラーされていた小形魚である。小形資料を見落とす割合が少ない発掘法が普及すれば、全国の貝塚の魚種構成が入れ替わり、縄文時代の漁撈のイメージは大きく書き変えられる可能性が高い。

　発掘法を改良することで新しく得られた情報は、魚種構成の再検討だけにとどまらない。南関東の縄文中後期貝塚（小宮 2005）

マイワシ［ニシン科］
Sardinops melanostictus（16cm）

カタクチイワシ［カタクチイワシ科］
Engraulis japonicus（9cm）

マアジ［アジ科］
Trachurus japonicus（25cm）

図18 縄文人が主に漁獲していた海の魚
　（写真は上野・坂本 2005 より）

でのコラムサンプル調査の結果によると、これまで縄文貝塚の代表魚と考えられていたタイとスズキの貝層堆積物1ℓ中の最小個体数（MNI/ℓ）は、幼魚を含めても約0.01〜0.03 MNI/ℓにとどまる。これに対してアジ・イワシ類は約0.1〜0.4 MNI/ℓ、ウナギやフナ、ハゼなどを含む小魚全体では約4.0〜0.2 MNI/ℓである。食物連鎖の上位にあるタイとスズキに比べてプランクトン食のアジ・イワシ類などの小魚の資源量が大きいことは縄文時代も現代と変わりなく、大量かつ安定的な漁が期待できる。タイとスズキが縄文人の主要な漁獲対象と考えた考古学者は、人口の少ない縄文時代の海では大きな高級魚をいくらでもつかまえられるというイメージが先行していたのかもしれない。危険を冒して沖合に出て大きな魚を獲るよりも岸近くの浅場でとれる小魚を大量に漁獲した方が生態学的にみても矛盾がない。近場で安全に、かつ大量にとれる小魚は、毎日の食料などとしてムラの老若男女全員に行き渡ったと考えられる。

　ところで、海岸から10km以上離れた内陸の貝塚でもコラムサンプルを採取して水洗するとアジ・イワシ類など海の小魚の骨が大量に水洗分離され、貝層中に高い密度で堆積していることがわかっている。内陸の貝塚の住民が日常的に海まで魚とりに出ていたという解釈も可能だが、海や漁具に不慣れな内陸の住民が効率よく必要な量の海の魚を捕れたとは考えにくい。漁撈技術の教育や漁具の運搬・管理などを考えると、海から遠い集団には漁は割高な仕事である。もし、内陸のムラの海産魚が貝や塩などの海産物と一緒に沿岸からの交易品としてもたらされたとすれば、沿岸のムラではこのような内陸集団の海産物需要を想定して浜での生産活動をしていた可能性がある。

VI 哺乳類遺存体

1 貝塚から出土する哺乳動物

　化石などの証拠によると、旧石器時代の日本の陸上哺乳動物相にはナウマンゾウやオオツノシカなどの大形草食哺乳動物が含まれ、大陸の影響を強くうけていたと考えられている。縄文時代になって日本列島が大陸から離れると、大形哺乳類はあいついで姿を消す。縄文時代以降の日本列島の陸上哺乳動物相を垣間みる手がかりは貝塚や洞窟遺跡などに残された動物遺存体である。氷期の生き残りと考えられるオオヤマネコ、オオカミなどの絶滅種を除くと、陸上哺乳動物相は現代と大きな違いはなくなっている。しかし、縄文時代は約1万年間もつづいた長い時代なので、陸上哺乳動物相もそのはじまりから終わりまで一様ではない。縄文時代初頭は晩氷期の影響が強く残る寒冷な気候がつづき、前期は現在よりも高温だったと考えられている。したがって、縄文時代各時期における陸上哺乳動物の地理分布や生息密度も微妙に異なっていたと推定される。

2 貝塚人の狩り

　縄文時代の貝塚から出土する哺乳動物遺存体は、貝塚をつ

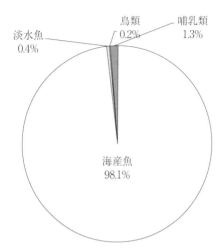

図19 有吉北貝塚脊椎動物遺存体構成
コラムサンプル水洗分離（N=5,817 NISP WS）コラムサンプル総体積（V=733.5 N/ℓ=7.93）

くった縄文人が周辺の森や林に棲む野生動物を狩り、仕留めた獲物に由来すると考えられている。しかし、縄文時代の貝塚の多くは、当時の旧海岸線から直線距離で4〜5kmの内湾寄りの台地上につくられている。陸側からみれば、森林が覆う広い台地や丘陵が終わり海岸低地に接する縁辺部に位置している。縄文人の狩猟対象となった草食獣や雑食獣はナラ類やシイ類などの群落が被う山地や平地を中心に生息し、ハンノキ群落やヨシなどの草原植生が優占する台地下の低湿地には少なかったと推定される。

　山間部に居住した縄文人が森林生態系に適応した狩猟採集を

中心に生計を立てていたことにまず異論はないだろう。貝塚の地理的位置をみる限りでは内湾の生態系に適応しているように思われるが、従来から考えられているように貝塚縄文人は山と海の双方の生態系に適応し、多忙な狩猟漁撈採集生活を送っていたのだろうか？

　千葉県有吉北貝塚は、千葉市と市原市の境を流れ東京湾に注ぐ村田川の河口付近にある縄文時代中期後半（約4200年前）の集落遺跡である。この貝塚と周辺の遺跡をモデルに貝塚縄文人の狩猟漁撈採集生活の実態を調べてみよう。この貝塚の任意な5地点から採取した733カットのコラムサンプルから水洗分離した陸上哺乳類、鳥類、魚類の最小個体数（MNI）の合計は約5800に達するが、その約98％を海産魚が占めている（図19）。陸上哺乳類はわずかで、イノシシとシカを合わせた割合はその半分にも達していない（図10）。コラムサンプル中では貝層内密度の高い動物遺存体ほど個体識別がむずかしくなるので、そのMNIも相対的には少なめに見積もられる傾向にある。したがって、この貝塚に残された脊椎動物の内訳の実態は図19よりもさらに魚の占める割合が多いと思われる。このように脊椎動物のなかで海魚が圧倒的に高い割合を占める傾向はこの貝塚だけの特殊事情ではなく、コラムサンプルを水洗分離した関東地方の内湾貝塚で共通している。

　以上のような動物遺存体構成が、想定される貝塚縄文人の狩猟や漁撈活動と矛盾しないかどうかのチェックが必要である。しかし、彼らの狩猟や漁撈の量や労働時間を考古学的証拠から

復元するのは容易ではない。そこで、貝塚の動物遺存体をベースに彼らが狩猟や漁撈に費やした時間を生業暦上に表してみる。縄文人の生業暦については小林達雄氏の「縄文カレンダー」が有名であるが、かならずしも考古学的な裏付けが十分でない。以下で動物考古学のデータを洗いなおしてみよう。

3　縄文貝塚人の生業暦

まず、漁撈を大きく採貝と魚とりの二つの活動に分けて考えてみる。採貝活動の季節性は、切断した二枚貝の貝殻断面に刻まれた成長線を顕微鏡下で読みとることで推定できる。貝殻の成長線は一日一本の割合でつくられる。水温の高い夏につくられた成長線の間隔は広いが、冬につくられる成長線（冬輪）の間隔は狭く、その中心は2月中旬につくられる。貝殻の一番外縁の成長線が貝の死亡直前につくられたもので、この成長線が冬輪の中心から数えて何本目にあるかで死亡＝採貝月を推定する。各地の縄文時代前期から後晩期までの貝塚産ハマグリを調査した結果によると春期死亡の個体が最も多いが、死亡季節は春から冬までの各季節に分散する（図20）。このことからハマグリ漁に代表される前浜での貝塚縄文人の活動は周年おこなわれたと推定できる。

　魚骨で魚とりの季節を推定できる部位はない。手がかりになるのは、内湾貝塚に残る魚類と道具類の組成である。貝塚の魚類組成の主体はアジ・イワシなどの小形の沿岸魚で、沖合に生息する魚や大形魚の頻度は低い。また、内湾貝塚に残された道

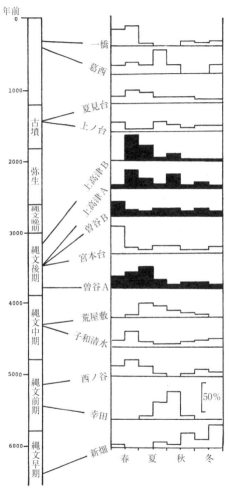

図20 12遺跡における貝類採取の季節性（小池 1979）に加筆
　　　　黒：貝塚堆積層を主体とした遺跡
　　　　白：住居址またはピット内貝層の遺跡

具類のなかには沖合の漁に適した漁具は含まれていない。

　シカ角でつくった大型釣針や銛型尖頭器は大形魚の漁獲に適応した漁具である。これらの漁具は内湾貝塚からもまれに出土するが、多く出土するのは陸からすぐに水深の深い海が展開する三陸海岸やいわき海岸、外房海岸などに分布する外洋貝塚で、このような地域では沿岸近くに大形魚が寄ってくる。大形の漁具はこれら大形魚の漁獲に対応して開発したものと考えるべきだろう。

　これらの事実から、貝塚縄文人の魚とりの基本は積極的に沖合に進出して漁獲する漁ではなく、季節の魚が沿岸に寄ってくるのを待って漁獲する方式と考えるのが妥当である。筆者が調べる機会が多かった南関東の内湾貝塚では、アジ・イワシ類、ハゼなど春から秋に岸近くに寄ってくる魚のほか、晩秋から早春に産卵のため接岸する大形のカレイやアイナメなどが混在している。いずれも浅海に接岸する季節に漁獲したとすれば、この地域の沿岸での漁も周年に及んでいたと考えるのが妥当である。

　いっぽう、陸上では獲物を狩ろうと思えば、いつでも狩れるはずである。狩猟の季節性は貝塚や洞窟遺跡に残された動物の死亡季節から推定する。採貝季節の推定と基本は同じ考え方である。縄文人の狩猟対象獣の死亡季節推定で、早くから注目されたのはシカの角である。角は雄シカだけに生えるが、春から晩夏にかけてベルベット状の袋をかぶった袋角の状態で成長し、9月の発情期がはじまるまでに袋が剝けて硬い角本体が露

出する。12月中旬ころにすべての成熟雌の交尾が終わると、やがて雄シカの角は抜け落ちる。雄シカの前頭骨には角を支える太い柄状の骨性突起があり、そこに角が残っていれば角が残る春先までに死亡した可能性が高く、落ちていれば春から夏までの時期に死亡した可能性が高い。貝塚で発見されるシカでは角を残した個体が目立つことから、従来からシカ猟は秋を中心に初春頃まで展開したと考えられていた。しかし、4月ごろまで角を残している雄シカがあること、また角では雌シカの死亡時期は判定できないことなど、角を用いた猟期の判定には大きな欠点がある。このような欠点を補うものとして、下顎の第1、第2大臼歯（M_1、M_2）のセメント質につくられる組織像（年輪）を解析する方法や下顎歯牙の萌出咬耗程度を観察する方法は雌雄双方に応用できるので、より信頼性の高い方法だと考えられている。福井県鳥浜貝塚（前期、約6000年前）出土のシカの下顎の第1、第2大臼歯のセメント質組織像を生態学の大泰司紀之氏が調べたところ、10月から翌年3月までの死亡と推定される個体が全体の90％を占め、残りの10％は7月から9月までの死亡と推定された。雌シカを含めても鹿角だけの結果と大きく矛盾しなかったのは興味深い。今後、鳥浜貝塚と対比可能なデータを増やすことが必要である。

　いっぽう、貝塚のイノシシの年齢や猟期の推定は長い間、生態学の林良博氏たちが開発した下顎歯牙の萌出咬耗程度を使って野生イノシシの齢構成を判定する方法を使っていた。しかし、生態学のニーズで開発された方法が時間軸の異なる考古学

でそのまま使えるはずはない。新美倫子氏が1991年に提唱した萌出咬基準は動物考古学のオーダに沿っており、現状ではこれに従うのが最も好ましい。愛知県伊川津貝塚（晩期）から出土したイノシシの死亡時期を新美氏が調べたところ冬に死亡したと考えられる個体が多いが、冬以外の死亡個体もあるので、猟は冬を中心に一年中おこなわれていた可能性が高いと考えた。ところが、新美の方法で筆者が千葉県武士(たけし)遺跡（後期）のイノシシの死亡時期を調べたところ、現在のイノシシ猟の猟期（11月中旬から翌年2月ごろ）内に集中した。この遺跡では現在とほぼ同じ期間にイノシシ猟がおこなわれた可能性が高い。伊川津と武士遺跡のイノシシの猟期が同じであれば興味深いが、地理的に離れ、時期も異なる縄文人たちのイノシシの猟期が同じでなくてもよい。

　いずれにしても、現在わかっているデータでは貝塚縄文人のシカ猟は秋から春先、イノシシ猟は冬をそれぞれ中心に展開した可能性が高く、両者を合わせた猟の期間は長かったことがわかる。この間、経験豊富な成人男性たちが組織的に獲物を追っても、銃を持たない狩りの成功率はどのくらいだっただろうか（コラム5を参照）。彼らがシカとイノシシの新鮮な肉を食べたのが猟の期間だけだとすると、春から夏は干し肉などで食いつないだか肉を食べていない可能性がある。一年間肉を食いつないでいくために、猟の期間は頻繁に猟に出たはずである。運よく仕留めた獲物の肉や内臓、毛皮などの処理（干し肉や毛皮づくりなど）も集落の構成員が協力して短時間で処理したと想像

	月													
	1	2	3	4	5	6	7	8	9	10	11	12	1	2
ハマグリ														
アジ、イワシ														
タイ、スズキ														
カレイ														
シカ														
イノシシ														
ナッツ類														

図 21　貝塚の生業暦

され、タヌキやノウサギなどの中小型動物の猟とは異質だったと思われる。

　以上のように想定される貝塚人の漁撈と狩猟活動を生業暦に当てはめると、毎年10月から翌年3月ごろまでの期間、貝塚の成人男性は海での漁と陸でのシカとイノシシ狩りに追われている（図21）。また、本州中部では9月から11月ごろは縄文人の主食と考えられているドングリなどのナッツ類が断続的に落下する時期でもある。成人女性や子ども達は森を見回ってドングリ拾いとアク抜き、天日干し、製粉、貯蔵などの作業に追われていたはずである。東京湾沿岸の中後期貝塚には大規模なものが多いが、発掘で確認できた竪穴住居跡のうち同時期に存在した住居軒数は数軒から10数軒にとどまるものが多く、推定される人口でこの季節の貝塚の仕事をこなすのは困難であ

る。貝塚の人口見積もりを誤っているか、貝塚が海と山の双方の生態系に適応していたという仮説そのものへの見直しが必要である。

4　埋葬された動物

　貝塚や洞窟遺跡から出土する動物骨の多くは調理した動物に由来するので、関節から外されたバラバラの状態で出土し、骨も栄養たっぷりの骨髄を利用するために叩き割られている。しかし、まれに動物の全身の骨が解剖学的に正しい位置を保った状態で出土することがある。死体が長くその場に放置されることなく、すぐに土のなかに埋れないかぎり全身の骨がそのような状態を保つことは不可能なので、縄文人がその動物を埋葬したと考えられる。以下、貝塚や縄文遺跡から出土した埋葬動物について紹介し、資料を取り扱う際のいくつかの注意点を述べる。

(1) イヌ

　イヌはイノシシとシカに次いで多く縄文遺跡から発見される動物で、埋葬された状態で出土することが多い。しかし、すべての縄文遺跡から埋葬されたイヌ（埋葬犬）が出土するわけではなく、遺跡の年代でいうと早期末〜前期初頭以降の遺跡から出土する。日本ではじめて埋葬犬が学術論文で報告されたのは1936年（昭和11年）である。埋葬犬がそれほど高い確率で出土するなら明治・大正時代にさかんにおこなわれた貝塚発掘で

も発見されてよさそうだが、動物が埋葬されているという知識がない1936年以前には埋葬犬骨が出土しても、それと気づかず土と一緒に投げ捨てられてしまったのだろう。

　縄文時代のイヌの埋葬姿勢は横向きで背を丸め、前肢と後肢を縮めた姿勢が多いが（図22）、いつも同じ姿勢とはかぎらない。また、出土する犬骨のなかには、埋葬されていたものが風雨で流されて本来の位置から動いてしまったものや、耕作などの影響で一部の骨がなくなっているものなどがある。いずれにしてもその埋葬姿勢は、縄文人が抱く生前のイヌの思いと密接な関係にあると考えられる。しかし、頭を下にした倒立姿勢で埋葬されたものや、穴のなかに放り投げられたような状態で発

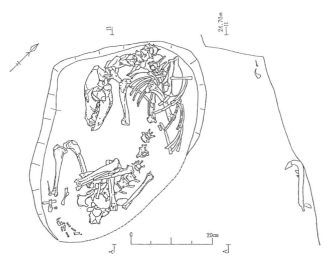

図22　埋葬犬骨出土状態（宮城県教育委員会 1986）

見された例もあるので、縄文人がかわいがったイヌの死を家族の死と同様に悲しんで埋葬したと一概に解釈するのは危険である。

　埋葬犬骨の発掘でとくに注意が必要なことは、①イヌの頭蓋骨や手足の指の骨は薄いうえに細かく壊れやすいこと、②歯牙はイヌの死亡年齢や生前の生活を反映するので、脱落や破損のないように注意すること。とくに上顎、下顎とも切歯部分は骨が薄く壊れやすい。③骨盤の恥骨付近にある陰茎骨は細長く脆い骨で見失いやすいことの３点である。イヌの性判定は陰茎骨の有無で決定するので、回収しそこなうと雄が雌に変わってしまう。

(2) イノシシ

　イノシシは縄文人の主要な狩猟対象獣の一つと考えられているが、中期後半以降の遺跡から幼獣がしばしば埋葬状態で出土する。人やイヌが埋葬された竪穴住居跡や土坑、墓域などから発見されることが多い。年齢は生後２〜３週間から４カ月くらい、まれに生後６カ月くらいまでである。イノシシ成獣の骨は大きく頑丈だが、小さな幼獣の骨は貝層中では周囲の貝殻や骨の破片などにまぎれて発見しにくく、移植ゴテで簡単に壊れる。イヌのところで述べたように、幼獣の骨があることを認識していないと見落してしまう。発掘中に気づかず壊しているものはかなり多いと思われる。ちなみに、沢山の貝塚が発掘された戦前・戦後の時期に発見された埋葬イノシシの報告例はな

い。人間の目は器械のカメラではないので、「ある」あるいは「いる」と思っているもの以外は目に入っても「見えない」からである。

　イノシシの出産のピークは毎年5月なので、上記の死亡年齢から推測すると幼獣の埋葬は5～9月頃の間におこなわれたと考えられる。すでに述べたように、イノシシ猟は毎年冬中心におこなわれ、主に1.5歳以上の成獣を捕獲対象とするので、幼獣の捕獲と埋葬はこの猟期のものではない。母親の目を盗んで幼獣をさらった可能性もあるが、普通生後2～3週間は母乳だけで育ち、生後2、3カ月までの幼獣は母親と一緒に行動するので捕獲は困難を伴う。中期以降の貝塚から埋葬された幼猪が出土する頻度は少なくないので、今後は人に慣れた雌イノシシの放し飼い飼育がはじまっていた可能性を検討するべきかもし

図23　ニホンイノシシ　Japanese Wild Pig
（今泉ほか 1977）

れない。

(3) サル

　サルは縄文遺跡の埋葬動物として一般的ではない。今回あえて紹介するのは、イヌとイノシシ幼獣がそうであったように、先入観で見落としている可能性がないとはいいきれないからである。

　紹介するこのサルは千葉県有吉北貝塚（中期後半）で出土した生後7カ月前後の幼獣である。ニホンザルの出産期は長いが、ピークは5月とされるので冬に死亡した個体である可能性が高い。初めての冬を越せずに死亡するニホンザルの幼獣は多い。詳細は発掘報告書に譲るが、貝層下部の土層に掘られた直径15cm前後の小さな浅い穴のなかから、ひとまとめになったほぼ全身の骨が発見された。最も上位にあった骨は左の前肢骨でその下位に咬合面を上にした下顎骨があり、最下位に斜め上方に顔面を向けた頭蓋骨がある。ただし、右前肢骨と左後肢骨、脊椎骨の一部などが発見できなかった。貝層はこの穴を広く被っていたので、骨の溶解や発掘中の見落としではないと考えられる。このような状況から推理できるのは以下のような状況だろう。一つは幼獣を解体したのち骨をひとまとめにして穴のなかに入れた可能性である。もう一つは一度埋葬した死体から後日に骨の一部を取り出し、埋葬し直した可能性である。前者の場合は、失われた骨の解釈が難かしい。いずれにしても、縄文人の動物観や死生観を考える手がかりとして重要である。

以上のように、埋葬された動物の種類は非常に限定的で、動物埋葬骨が出土する遺跡の年代も限定される。縄文人が埋葬した動物というのは、どのような動物だったのだろうか？　縄文時代唯一の家畜であるイヌが埋葬されていることを一つの足がかりにすると、埋葬された動物はすべて家畜だったのだろうか？　埋葬された幼猪が家畜だったとすれば、その親も、またその親も家畜だったと考えるのが自然である。飼育の目的は何だったのだろうか？

　縄文時代のイノシシは狩猟対象獣と考えられている。筆者が調査する機会のあった縄文時代後期遺跡の成獣イノシシ遺存体は家畜として飼われていた証拠に乏しく、同定できた全個体が野生獣に由来すると考えられた。しかし、すでに述べたように筆者は人に慣れた雌イノシシの放し飼い飼育が縄文時代のある時期からはじまっていた可能性があると考えている。この矛盾はおそらく、従来の動物考古学者が主眼におくイノシシ遺存体の形態には飼育の証拠が顕著に現れにくいことが原因なのかもしれない。そのことは、縄文人のイノシシ飼育形態に関係があるのかもしれない。つまり、完全な囲い込みができていない可能性である。

　家畜は人間の側も動物の側も代を重ねて飼育がつづき、繁殖を人間が管理していることが重要である。有吉北貝塚の仔ザルも個体として飼われていたかもしれないが、一代限りのペットなら家畜とはいえない。いずれにしても、埋葬動物の解明は今後の調査の蓄積と新しい研究成果を待つのが妥当であろう。

コラム5 〈獣骨で復元する縄文人の狩りの実態〉

　縄文人はどのような方法で獲物を狩ったのだろうか？　彼らは名ハンターぞろいだっただろうか？　あれこれ想像はつきない。貝塚に残されたイノシシやシカの骨を詳しく調べると、その具体像が次第に明らかになってくる。

　縄文人の狩猟具というと、石鏃に代表される弓矢が思い浮かぶ。しかし、石鏃が刺さった陸上動物の骨が貝塚から発見された例数は、全国で約20例と少ない。骨はいずれもイノシシとシカのもので中小型動物では見つかっていない。中小型動物は弓矢で捕獲しなかったか、矢が命中すると骨そのものが壊れるためかもしれない。石鏃の刺さった骨の部位と入射角から縄文人がイノシシやシカのどこを狙って矢を射撃したかを推理できるが、斜め方向のやや上から射込んだものが多い。後述するように、縄文時代の石鏃は軽量で、イノシシやシカには近距離から撃たないと殺傷力は強くない。獲物が普通に立っていれば、接近して地上から射撃したと推定される。上記の事例に同定の誤りがなければ、石鏃の刺さった骨の例数はイノシシとシカでほぼ等しい。貝塚発掘で出土した獣骨の量は膨大なので石鏃の刺さった骨が発見される確率はかなり低いと考えられる。撃ち込まれた矢が骨に達して傷を残すことが起こりにくいのと、動物遺存体を専門とする動物考古学者の絶対数が少なく、発見されにくいためと思われる。

　シカの骨に残る狩猟の痕跡については金子浩昌氏が詳しい。金子氏が同定した静岡県蜆塚貝塚（後期、約4000年前）出土の左寛骨上部（骨盤の一部）、宮城県南境貝塚（後期）出土の左肩甲骨基部、岩手県蝦島貝塚（後晩期）出土の左頭頂骨にそれぞれ1本の石鏃が刺さっている。蜆塚の寛骨は石鏃が貫通しているが、嵌入部周辺の骨が増殖していることから、この個体は腰に深手を負いながらも一度は逃げのび、後日ふたたび縄文人と遭遇して仕留め

られたことがわかる。あとの2例は刺さった石鏃周辺の骨が増殖した痕跡はない。蝦島のシカの頭骨は角を支える柄状突起の角が落ちているので春になってからの狩りで捕まったと考えられるという。本文で触れた下顎歯牙の解析ではシカ猟の盛期は10月から翌年3月ごろと推定されているので、矛盾はない。

　金子氏は貝塚出土のイノシシの骨に狩猟のときについたと思われる矢傷以外の傷跡を報告している。岩手県貝鳥貝塚（後期）のイノシシ頭蓋骨背面の前頭骨と後頭骨の境目周辺に複数の窪み跡がある。イノシシの頭蓋骨背面は平坦なので、石斧や槍のような鋭いもので何回も叩かれた傷跡だという。その多くは骨が増殖しているので、頭にいくつもの傷を負いながら生きていたと考えられるという。

　筆者も千葉県武士遺跡（後期）出土のイノシシ頭蓋骨の額の部分にこれとよく似た傷跡を発見している。標本番号SA437-103は2カ所に固いものが強くぶつかってついたと思われる凹み傷がある。そのうちの一つは直径3cm近い大きな凹みで表面の骨は大きく壊れ陥没したと思われるが、2カ所とも増殖した骨組織が傷口をほぼ完全に被っている。武士遺跡ではこのほかに頭蓋骨の額部分に長さ約1cmの陥没痕のある別個体（標本番号SA316-351）があるが、この個体も傷が治っている（図24）。これら武士遺跡のイノシシは頭を石斧や棍棒のような固く重量のあるもので強打され、重傷を負って血だらけになりながらも縄文人の囲みを突破して少なくとも一回以上は逃げのびたと推定される。イノシシの脳を囲む頭蓋骨は厚いうえ中空になっている。発泡スチロールのような中空構造が、外力を吸収するクッションの働きをして脳に衝撃が伝わりにくくしている。脳を囲む頭蓋骨で最も薄いのは眉間の部分で、そこがイノシシの急所である。貝鳥貝塚と武士遺跡のイノシシ頭蓋骨はこの部分に傷が集まっている。縄文人はおそらく経

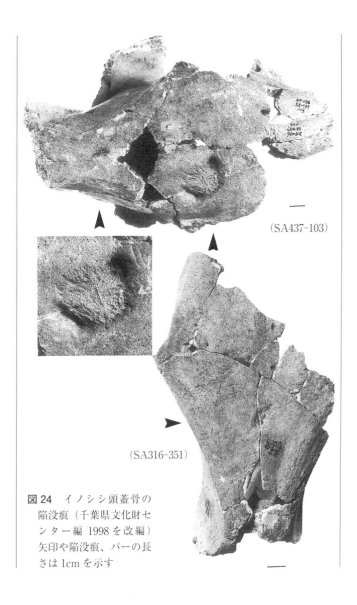

図24 イノシシ頭蓋骨の陥没痕(千葉県文化財センター編 1998を改編)矢印や陥没痕、バーの長さは1cmを示す

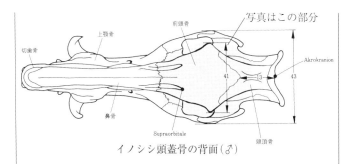

イノシシ頭蓋骨の背面(♂)

験的にそのことを知っていてこの部分を狙い撃ちにしたのかもしれない。そうだとしても、興奮した獰猛なイノシシにリーチの届く距離まで接近して急所を狙い撃ちするのは至難の業である。現在のイノシシは体重60kgを超えることは少ないが、縄文時代の遺跡から出土するイノシシは推定体重80kgを超えるものが多く、なかには200kg級も存在する。ヌタ場で自分の剛毛に泥を塗りたくってかためる習性のあるイノシシは鎧をまとっているようなもので、軽量な縄文時代の石鏃では至近距離から急所を射撃しないかぎり矢が効かない。有効な飛び道具を持たない縄文人のイノシシ狩りは、至近距離まで接近して命がけの肉弾戦に出るか、罠や落とし穴を多数仕掛ける待ち受け型の猟のいずれかの形態をとったと思われる。前者のような攻めの猟は優秀なイヌの群れの助けがないと困難である。鋭い牙をむき、あの体重で猛スピードで突進してくるイノシシを仕留めるまで縄文人はおおいに手こずったと思われる。

Ⅶ　遺存体の分析委託

　日本の考古学は古代史からさかのぼる先史学として、また文献史学の補助学として発展してきた経緯がある。しかし、揺籃期の考古学は18世紀末頃に古生物学から分岐したもので、自然誌の性格があった。その意味では、国内最初の遺跡発掘が生物学者の手によることも、また実測図や遺跡の層位発掘が工学や地学分野の研究者の手で確立したことも不思議なことではない。

　最近では日本の考古学も地質学、物理学、化学、医学、遺伝学、生物学、生態学などの自然科学との連携が進んでいるが、日本の大学で開設されている考古学講座はすべて人文科学に属しており、かかるニーズに応える専門の研究者を育成する環境は依然として整っていない。したがって、遺跡から出土した人骨や動植物遺存体の同定や解析を外部の研究機関などに委託しなければならない状況である。以下では、委託する試料のサンプリング、保管法などいくつかの注意点を主な項目別にあげておくので、参考にしてほしい。

1　人　骨

　貝塚の人骨は埋葬状態で発見されることが多い。散乱状態で

発見されるものの多くは、埋葬人骨が撹乱などによって散逸したものと考えられる。乾燥した台地上の貝塚から出土する成人骨は比較的高い強度を保っているが、骨化の進んでいない幼児骨などは非常に脆いので、サンプリング中に原形を壊さず回収するのは大変むずかしい。

(1) 人骨の情報

人骨はわたしたちの目で見ることのできる形からの情報と、形からは見えない情報の二つに分けられる。

形からの情報は文化的情報と人類学的情報がある。前者は出土した人骨の埋葬姿勢や出土地点、副葬品の有無などである。いっぽう、形態の人類学的情報としては身体情報としての年齢、性別、身長、身体プロポーション、骨や歯に残る創傷、病変などがある。前者の情報収集はサンプリングに優先して専門に考古学者がおこなう。

(2) サンプリング

撮影と実測を終えた人骨はサンプリングに入るが、表面が乾燥して見えても土に埋もれた側は湿って土壌と密着している。不均質に乾燥が進行した骨は不用意に扱うと壊れることがある。

骨は硬質な緻密質と脆く崩れやすい海綿質でできている。大腿骨や脛骨など手足の長骨の幹の部分は硬い緻密質でつくられているので骨幹部を持つと比較的扱いやすい。ただし、末端の

Ⅶ 遺存体の分析委託 109

図 25 土井ヶ浜遺跡 ST1004 人骨出土状況（山田 2008 より）

関節部は壊れやすい海綿質で構成されているので、ぶつかれば簡単に破損する。また、壊れやすい構造の脊椎骨はその大部分が海綿質でできているので、扱いには十分注意する。サンプリングは必ず一体ごとに関節部分から外し、一点ずつ両手で持って所定のケースなどに収納する。清潔な素手で扱う方がよい。手袋をしていると手の感触が鈍り、取り落とすことがある。ケースのなかで骨同士が直接触れ合うことがないこと、1点1点に記録カードが添付されていることを確認する。

(3) タンパク質情報

貝塚や洞窟遺跡から出土した骨には、無機質に囲まれるようにして微量な有機質が残留している。遺存体に残る遺伝情報や安定同位体比を分析することで、その人の生前の食生活や遺伝的系統、出身地、生活していた年代などを解析することができる。しかし、すべての骨からこれらの情報を取り出せるとはかぎらない。遺跡堆積物中の微妙な環境条件や出土した骨の保管状態によってはタンパク質情報が分解して失われるからである。以下では出土骨の取り扱いとタンパク質情報に関連する注意点を述べる。

(4) クリーニング

柔らかいブラシを使って丁寧に表面に付着した土を水で洗い流し、直射日光の当たらない室内で十分乾燥させる。骨表面にある細かい襞や窪み、孔などに土が残っていると、それらを栄

養源にカビが発生する。カビから出る大量の化学物質が骨のタンパク質情報に悪影響を与える可能性があるので注意する。なお、研究者によっては表面の土が付いたまま自然乾燥を求める研究者もいるので、事前に指示をえた方が無難である。

(5) 保管

　蓋付きのケースに入れて室内の棚に保存する。骨の保管には紫外線、カビ、ホコリ、虫、急激な温湿度変化などが大敵である。保管室は直射日光が射し込まず、雨やホコリ、虫の入ってこない環境で、温度20°C、湿度50〜60％に保たれるのが理想である。しかし、このような環境を常時保つにはエアコンが必要で、24時間稼働させると経費がかかる。経費を節減しようとして夜間にエアコンを切ると、梅雨時や夏場などは温湿度の日較差が大きくなり骨への負担が増す。経費節減するなら、むしろエアコンを入れず、外気の自然な温湿度変化にあわせて室内環境をゆっくり変化させた方が骨への負担がはるかに少ない。

(6) 燻蒸

　防虫、防カビなどの目的で定期的にガス燻蒸する収蔵庫では、骨にガスや薬剤が付着する危険性がある。ガスや薬剤に晒されると、骨に残留していたタンパク質情報が分解される可能性があるので、燻蒸する場合はビニール袋に資料を密封して収納することを勧める。

(7) 低湿地遺跡出土の人骨

 沿岸部の沖積低地や河岸段丘上などにある遺跡から埋葬人骨が出土することがある。骨の分解が進行しているので、台地上の貝塚の人骨と同じようには扱えない。以前はロウやバインダーなどの高分子化合物で固定していたが、溶解時に加熱したり薬剤等を使うので、骨を痛めるうえに骨に光沢が出て見た目もよくない。また、すでに述べたタンパク質情報も失われる。最近はいい対処法が開発されているので、骨の出土が予想された段階で委託先の専門研究者と協議して、早めに対策を講ずるべきである。

(8) 分析の依頼

 形態解析については解剖標本や出土標本が収蔵されている大学の解剖学教室と国立科学博物館などに限られる。同位体分析、遺伝子解析はそれぞれ専門の研究者がいる研究機関に委託する。分析委託の目的や予算、分析項目などを準備して、余裕をもって連絡をとること。

2 大形動物遺存体

 遺跡から出土する大形動物遺存体には陸上哺乳類と海生哺乳類がある。陸上哺乳類は偶蹄目（イノシシ、シカ、カモシカ）が出土する。幼獣をのぞくと骨のサイズは相対的に大きく、主要な四肢骨は硬い緻密質で構成されるので、脊椎骨以外は扱いやすい。海生哺乳類はクジラ目（クジラ／イルカ類）と鰭脚類

（アシカ科、アザラシ科）で、骨は水中生活に適応して多孔質で四肢骨は前後に縮んだ形態である。本州以南で海生哺乳類が多く出土する地域は能登半島、銚子半島など限定的である。

(1) サンプリング

　基本的に埋葬形態をとらずにバラバラに解体・調理されて壊れた状態で出土する。主要な四肢骨は硬い緻密質で構成されるので、台地上の乾いた遺跡では脊椎骨以外は扱いやすい。骨の脆いイノシシ幼獣が埋葬されて出土することがある。タンパク質情報が損なわれないよう迅速に撮影と可能であれば実測を済ませ、室内ですみやかに自然乾燥させる。

　バラバラの状態で出土した遺存体の年齢形質や性徴を観察できる骨の部位は、ほとんどが頭骨に集中する。最小個体数や体重などを復元する際も頭骨の計測値が有効な基準になる。骨の物理化学的な性質や解剖学的特徴は基本的に人骨と同じで、残存するタンパク質情報の利用方法や保管方法は人骨に準じているので、参照してほしい。

(2) 分析の依頼

　これまでは発掘現場でサンプリングした動物遺存体の組成内容が遺跡の動物相を表すと考えられていた。しかし、第Ⅲ章、第Ⅴ章、第Ⅵ章で述べたように発掘中には大形の動物遺存体だけが選択的にサンプリングされる。したがって、分析依頼する際には、遺存体の採集方法を正しく伝えることが大切である。

3 小中形動物遺存体

 サイズが小さいため、大量に出土していても遺跡発掘中にほとんど見落とされ回収されていないと考えられる動物遺存体である。小形哺乳類としてはサル、ノウサギ、リス科、ネズミ科、イヌ科、イタチ科が想定され、イノシシ・シカの幼獣や鳥類も含まれる。発掘で回収されず、現場で捨てられている魚類遺存体と貝類遺存体は小中形動物遺存体中で最も数量が多いと予想される。

(1) サンプリング

 サンプリングは遺跡堆積物を土壌ごとに定量的・定性的な方法で採取し、サンプルの採取地点を示す平面図と層序を記録する。サンプルには動物遺存体のほか、植物種子や炭化物も含まれている。水洗分離の作業中に植物種子や炭化物が浮き上がるので、流失しないように注意する。動物遺存体をピックアップしたあとの残留物も植物遺存体分析などに再利用できる。大きなスペースを必要としないので保存した方がよい。本書ではコラムサンプル法を紹介したが、小中形動物遺存体の採集方法にはさまざまな方法がある。分析依頼に当たっては、骨のタンパク質情報の分析項目も含めて依頼先とよく打ち合わせておく。

(2) 分析の依頼

 サンプリングした試料は、水洗→遺存体のピックアップ→同

定→集計という一連の作業をへて解析される。多くの人手と作業スペースが必要で、人件費と光熱水費がかかる。依頼先は人手を確保しやすい大学などにほぼ限られる。試料の処理方法（水洗など）を含め、あらかじめ依頼先と細かなノウハウを打ち合わせておく。予算はほとんどが日数×人件費と考えて積算する。

参考文献

赤崎正人 1962「タイ型魚類の研究．形態・系統・分類および生態」京都大学みさき臨海研究所特別報告、1：1-368。

赤澤　威 1969「縄文貝塚産魚類の体長組成並びにその先史漁撈学的意」『人類学雑誌』77：154-178。

今泉吉典ほか 1977『世界の動物　分類と飼育　偶蹄類Ⅰ』東京動物園協会。

上野輝彌・坂本一男 2005『新版　魚の分類の図鑑』東海大学出版会、159頁。

大泰司紀之 1980「遺跡出土ニホンジカの下顎骨による性別、年齢、死亡季節査定法」『考古学と自然科学』13：51-74。

奥谷喬司編・監修 1986『決定版　生物大図鑑　貝類』世界文化社、399頁。

金子浩昌 1984『貝塚の獣骨の知識』東京美術、173頁。

J・クライナー 2011『小シーボルトと日本の考古・民族学の黎明』同成社、34・77頁。

小池裕子 1979「関東地方の貝塚遺跡における貝類採取の季節性と貝層の体積速度」『第四紀研究』17：267-278。

小林達雄 1975「縄文人の生活」『図詳ガッケン・エリア教科事典1』16-21、学研、516頁。

小林久雄・前田　孟 1961a「日本産タナゴ亜科魚類の咽頭骨と咽頭歯について」『日本水産学会誌』27：113-118。

小林久雄・前田　孟 1961b「日本産カマツカ亜科魚類の咽頭骨と咽頭歯」『魚類学雑誌』70：217-222。

小林久雄・前田　孟 1962「日本産ウグイ亜科とコイ亜科魚類の咽頭骨と咽頭歯について」『魚類学雑誌』71：307-312。

小宮　孟・鈴木公雄 1977「貝塚産魚類の体長組成復元における標本

採集法の影響について―特にクロダイ体長組成について―」『第四紀研究』16：71-75。

小宮　孟・小林理恵・安部みき子 2003「千葉県武士遺跡出土イノシシの齢構成にもとづく屠殺季節と家畜イノシシの検討」*Anthropological Science*（*Japanese Series*）（人類学雑誌）111：131-142 頁。

高橋善弥 1962「瀬戸内海とその近隣海域産硬骨魚類の脊梁構造による種の査定のための研究」『水産庁内海区水産研究所研究報告』16：1-198。

千葉県文化財センター編 1987『千葉市小中台遺跡―千葉都市計画道路３・４・43 号磯辺茂呂線建設に伴う埋蔵文化財発掘調査報告書２―』千葉県都市部、106 頁、図版 27 頁。

千葉県文化財センター編 1998『福増浄水場埋蔵文化財調査報告書 市原市武士遺跡．2』千葉県文化財センター・千葉県水道局、四街道、1789 頁、図版 155 頁。

千葉県文化財センター編 1998『千葉東南部ニュータウン．19　千葉市有吉北貝塚．1（旧石器・縄文時代）第 1、第 2、第 3 分冊』千葉県文化財センター・住宅・都市整備公団千葉地域支社、598 頁＋ 327 頁＋316 頁。

千葉県文化財センター編 1998『木更津市峰ノ台貝塚発掘調査報告書』千葉県教育委員会、30 頁、図版 5 頁、折り込 1 枚。

千葉県文化財センター編 1999『市原市市原条里制遺跡 東関東自動車道（千葉富津線）市原市道 80 号線埋蔵文化財調査報告書』千葉県文化財センター・日本道路公団・市原市、566 頁、図版 60 頁。

新美倫子 1991「愛知県伊川津遺跡出土ニホンイノシシの年齢及び死亡時期査定について」『国立歴史民俗博物館研究報告』29：123-143 頁、図版 6 頁。

西本豊弘 2002-2007「動物骨格図集（1）-（5）」『動物考古学』19-24。

服部　仁 1976「沖縄・奄美の貝塚から出土したブダイ科魚類の咽頭骨」『魚類学雑誌』22：221-226 頁。

林　良博・西田隆雄・望月公子・瀬田季茂 1977「日本産イノシシの歯牙による年令と性の判定」『日本獣医学雑誌』39：165-174。

堀田秀之 1961「日本産硬骨魚類の中軸骨格の比較研究」『農林水産技術会議事務局研究成果』5：1-155 頁、図版 69 頁。

松井　章 2002-2005「環境考古学 2-5、骨格図譜」『埋蔵文化財ニュース』108・113・115・120、奈良文化財研究センター。

松下まり子 2004『考古学研究調査ハンドブック① 花粉分析と考古学』同成社、74 頁。

松原喜代松 1955『魚類の形態と検索 I, II』石崎書店、iv＋xi＋v、1605 頁。

宮城県教育委員会 1986『宮城県文化財調査報告書 第 111 集 田柄貝塚』3 冊、建設省東北地方建設局・宮城県教育委員会、付（図 4 枚 袋入）。

村田六郎太 2013『加賀利貝塚』同成社、口絵・55・144 頁。

山田康弘 2008『人骨出土例にみる縄文の墓制と社会』同成社、222 頁。

おわりに

　私が学生だった頃、考古遺物といえば土器や石器、埴輪、金属器など古代人がつくったものが考古学の研究対象であり、人がつくったものでない動物の骨や貝殻を研究することは異端だった。これまでの貝塚の発掘のシステムでは小魚や小形哺乳類などの微小な骨をすべて見落としていたことに気づき、遺跡堆積物を定量的に採取して水洗する「コラムサンプル—水洗分離法」という新しい発掘法を発表しても好意的な目では見られず、まったく相手にしてもらえなかった。

　しかし、現在の考古学ではいろいろな分野で若い研究者たちがミクロな資料を積極的に研究して新しい事実を発見するようになり、遺跡の発掘技術も精緻になっている。

　縄文人は何を食べていたのだろうか？　という最初の疑問に本書はどのくらい答えられただろうか。縄文人は動物だけでなく植物にも食料を大きく依存していたはずなので、遺跡出土の動物と植物の双方の研究成果がそろわないと読者が満足する答えは出せない。動物遺存体と植物遺存体の研究をまとめて扱う考古学の分野を生物考古学 bioarchaeology というが、まだ日本ではなじみの薄い分野である。本書を読んだ方に少しでもこの分野に関心をもっていただけたら、本書の目的はかなえられたと思う。

　本書で取り上げたテーマに関連する論文や参考書は、「参考

文献」にあげてあるので、詳しく知りたい方は参考にしてほしい。

　今回、出版の機会を与えていただいた同成社の皆様および元奈良文化財研究所埋蔵文化財センター長の故松井章氏に感謝申し上げる。

　2015 年 9 月

　　　　　　　　　　　　　　　　　　　　　　小宮　孟

考古学研究調査ハンドブック⑤
貝塚調査と動物考古学
かいづかちょうさ　どうぶつこうこがく

■著者略歴

小宮　孟（こみや・はじめ）

1947年　東京都生まれ
1974年　慶應義塾大学大学院文学研究科修士課程修了
1988年　千葉県教育庁文化課勤務
　　　　（財）千葉県文化財センター
　　　　千葉県立中央博物館 自然誌歴史研究部
　　　　慶應義塾大学文学部非常勤講師を経て現在に至る

〈主要著作・論文〉
「魚類」『縄文文化の研究』2、雄山閣、1983年
Morphological characteristics of buried dog remains excavated from the Kamikuroiwa Rock Shelter site, Ehime Prefecture.（共著）Anthropological Science, 123, 2015年
貝塚産貝類組成から復元する縄文時代中後期の東関東内湾漁撈 Anthropological Science（Japanese Series）, 113, 2005年
千葉県武士遺跡出土イノシシの齢構成にもとづく屠殺季節と家畜イノシシの検討（共著）Anthropological Science（Japanese Series）, 111, 2003年
ほか

2015年12月10日発行

著　者　小宮　　孟
発行者　山脇　洋亮
印　刷　藤原印刷㈱
製　本　協栄製本㈱

発行所　東京都千代田区飯田橋4-4-8　㈱同成社
　　　　（〒102-0072）東京中央ビル
　　　　TEL 03-3239-1467　振替 00140-0-20618

©Komiya Hajime 2015. Printed in Japan
ISBN978-4-88621-714-1 C3321

考古学研究調査ハンドブック

考古学の研究調査に必要な基礎知識を
コンパクトにまとめた好評シリーズ！

① 花粉分析と考古学

松下まり子著 　　　　　　　　四六判・142頁・本体1500円

花粉分析とは何か。その内容と方法について、発掘現場での具体的な利用例を取り上げながら、マニュアル的に解説する。

② 縄文土器の技法 (品切)

可児通宏著 　　　　　　　　　四六判・152頁・本体1500円

最新の成果をふまえ、縄文土器を詳細に観察し、具体的な考古資料をもとに、全製作工程のメカニズムに迫る。

③ 出土鉄製品の保存と対応

松井敏也著 　　　　　　　　　四六判・166頁・本体1700円

発掘現場で役立つ出土鉄製品の基礎を紹介し、出土直後の対応から保存処理方法、保管・収蔵時の注意までを簡潔に解説。

④ 出土木製品の保存と対応

樋上昇著 　　　　　　　　　　四六判・174頁・本体1700円

出土する木製品について、分析から整理、報告書作成、保管・活用の各場面で必要な事を実際に即してわかり易く紹介。

═══考古学・文化遺産関連書═══

遺跡保護の制度と行政

和田勝彦著　　　　　　　　　　B5判・454頁・本体12000円

永年、文化庁で行政実務に携わった著者による、遺跡保護行政の歴史と制度、法解釈の詳説。各種関連統計・委員会資料、法令、判決事例も収録。

地域を活かす遺跡と博物館
―遺跡博物館のいま―

青木豊・鷹野光行編　　　　　　A5判・306頁・本体3600円

高度経済成長期以降、各地で急増した遺跡博物館。その現状と課題を整理し、いま求められる遺跡保存や活用の在り方、教育効果について考察する。

イヌの考古学 [ものが語る歴史30]

内山幸子著　　　　　　　　　　A5判・278頁・本体4200円

愛玩対象のみならず、狩猟や運搬手段、またある時は食料資源にも供された最古の家畜イヌと人との長い歴史を、考古資料を中心に解明する。

加曽利貝塚 ―東京湾東岸の大型環状貝塚―
[日本の遺跡46]

村田六郎太著　　　　　　　　　四六判・174頁・本体1800円

全国有数の大型貝塚で、縄文土器編年の指標遺跡でもある本遺跡について、長年調査を担当してきた著者が、最新の調査成果をふまえて豊富な写真と図版を用いわかりやすく解説する。

===== 文化遺産関連書 =====

発掘調査のてびき

文化庁文化財部記念物課監修

B5判・二分冊・総頁662・本体5000円

44年ぶりに改訂した発掘調査と報告書作成に関する待望のマニュアル。新しい調査機器、分析方法など学際研究の状況を反映させ、今後の全国標準として関係者必備の書。

発掘調査のてびき 各種遺跡調査編

文化庁文化財部記念物課監修　　B5判・424頁・本体3000円

先に刊行された集落遺跡に関わる調査てびきに続く完結編。墳墓、寺院、官衙、城館、窯跡、貝塚、洞穴遺跡を調査する際の標準を解説。

石垣整備のてびき

文化庁文化財部記念物課監修　　B5判・232頁・本体5000円

城跡等の石垣修理・復元、整備事業を進めるにあたって必要な石垣の本質的価値を示し、その修理方法と実務を総合的にまとめた初の手引書。